「おとなしい人」の完全成功マニュアル

内向型の強みを活かして人生を切り拓く方法

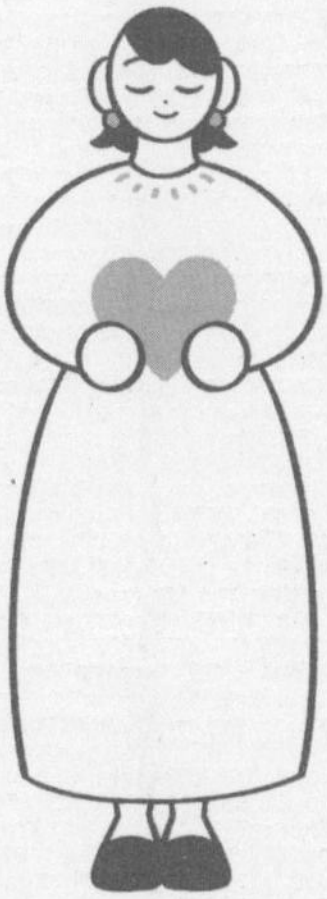

脳科学者
西 剛志

ダイヤモンド社

勇気とは、慣れ親しんだものを手放す力である
Courage is the power to let go of the familiar
レイモンド・リンドクウィスト

はじめに

人生における成功とは何から生まれているのか？

突然ですが、クイズです。

あなたの目の前に**「才能のある人」と「性格がいい人」がいたら、成功する確率が高いのはどちらだと思いますか？**

普通に考えたら「もちろん性格よりも才能でしょ」と答えたくなる人が多いかもしれません。おとなしくて目立たず、「性格がいい人」には、どこか損しやすい印象を持つ人もたくさんいるでしょう。

しかし、私は多くの人から「才能と性格、どっちが大事なんですか？」と聞かれたとき、いつもこのように答えています。

「収入など長期的な成功に影響するのは、『才能』よりも『性格』なんです」

そう。

実は、**人生の成功には「才能」ではなく「性格」のほうが大きな影響を与えていることが、数々の世界のリサーチからもわかってきている**のです。


従来の研究では、成功のために重要なのは「性格」よりも「才能」であり、「いかに才能を伸ばすか」「知能を高めるにはどうすればいいか」という点にフォーカスされていました。

実際に性格がよい人は他者に利用されて結果を出しにくいという研究もありました。一方でダントツの成果をあげている人たちを調べてみると、「性格のよい」人が圧倒的に多いこともわかってきたのです。[1-2]

「性格」にまつわる常識のウソ

私は長年、うまくいく人とそうでない人の違いを研究しています。

子育てからビジネス、スポーツまで、「世界的に成功している人のしくみ」を調べる会社をつくり、これまで16年ほど研究を行ってきました。世界中の論文をつねにチェックしていますが、それらが示しているのは、「性格のほうが長期的な成功に大きく影響する」という事実です。

その一つとして、次のグラフを見てみてください。

これは、世の中で最も有名な才能の一つとして知られるＩＱ（知能指数）が人生にそれぞれどんな影響をもたらすかを示したものです。[3]

一番左側の「収入」を見ると驚くかもしれませんが、予想を裏切り、「ＩＱ」よりも「性格」のほうがなんと約2・5倍も影響を与えていることがわかります。しかも、

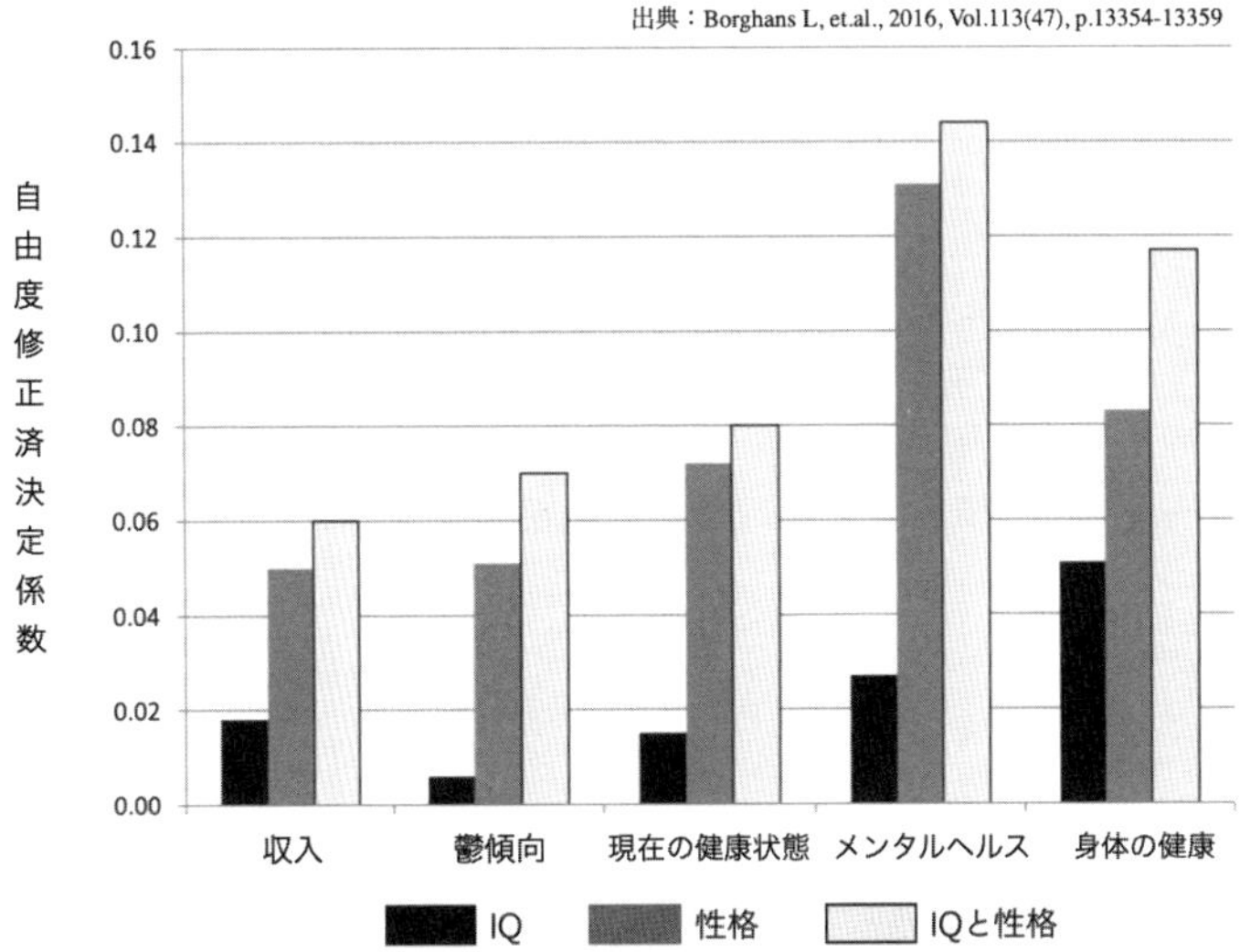

出典：Borghans L, et.al., 2016, Vol.113(47), p.13354-13359

ＩＱと性格の両方があっても、スコアはそれほど変わりません。

さらに、その隣の「鬱《うつ》傾向」「健康状態」「メンタルヘルス」などの分野でも同様に、「性格」のほうが才能よりも圧倒的に大きな影響があります。つまり、才能よりも「性格」のほうが、その人の経済状態や心身の健康など人生の成功にとても重要だった、ということです。

これまで、世の中の多くの人は「頭がいい人（ＩＱが高い人）ほど優秀であり、出世しやすい」と考えてきたでしょう。当然です。知能が高いほうが、仕事が速く、クリエイティブなアイデアを出し、ロジカルに考えることができる。しょせん、頭のいい

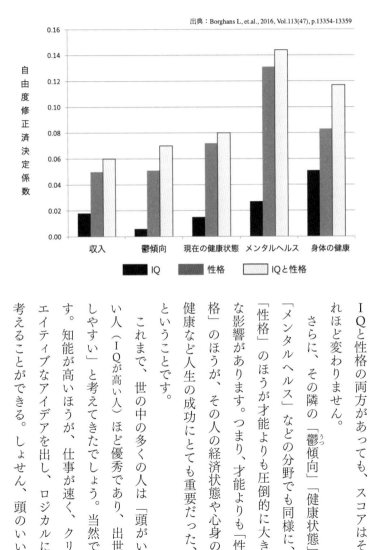

人には敵わないよね――。そんな、諦めに似た感情を持っている人も少なくないでしょう。
しかし、実は「頭のよさ」ではなく、「性格」こそが大きな武器になるのだとすれば、どうでしょう。もちろん、頭のよさも才能も大切ですが、極端なことを言えば、**「性格」でも勝負できる**、ということです。[4]

「性格の常識」が次々と覆された、近年の脳科学研究

近年の研究で、「性格」の常識が覆され、ガラリと変わってきています。
たとえば、こんなことがわかってきています。

- **内向型は学ぶ意欲が高く、体力がある**
- **内向型は一人で生き残るサバイバルの能力が高い**
- **明るい内向型が存在する**

・性格は生まれたときと死ぬときでは別人になっている
・おとなしい人は必ず人見知りになる訳ではない
・外向性と社交性は異なる
・内向型、外向型を超える第三の性格がある
・性格はパフォーマンスに影響する
・性格は伝染する
・性格は自分の意思でリセットできる

これを見るだけだと、「本当にそんなことあるの？」と感じた人もいるかもしれません。

私も科学者ですので、最初は同じように思っていました。

私自身、以前はおとなしい性格で「人に意見が言えなかったり」「人前で話すのが苦手で」「人見知り」、かつ「完璧主義」「妄想が大きくなって落ち込む」など数々の悩みをかかえていたのです。

しかし、30代前半のある体験をきっかけに、これらの性格が全てシフトするという体験をしました。

そしてこの原理と方法を使って、これまで講演会などで2万人以上の人の性格をシフトさせるお手伝いをさせていただきました。多くの人の人生がよりよい方向に変わってきていると実感します。


大切なのは「おとなしい性格」も、成功するための要素の一つだとわかってきていることです。


子どもの頃に「おとなしい」と言われて嫌な思いをした方は多いのではないでしょうか。言っているほうは悪気はなくても、「おとなしい」という言葉にはどこか否定的な響きがあります。「内向的」という意味合いが込められている場合が多いからです。

「外向的」な性格で悩んでいる人には会ったことがありませんが、「内向的」であることはよくないことと世間では受け止められてきました。しかし「内向的」な性格にも長所はたくさんあるのです。

世界の大富豪イーロン・マスク、「ハリー・ポッター」シリーズの生みの親J・K・

ローリング、アップル共同創業者のスティーブ・ジョブズ、天才的科学者のアルベルト・アインシュタイン、世界的ミュージシャンのエド・シーラン、エイブラハム・リンカーン大統領、映画監督のスティーブン・スピルバーグなど、世界の偉人とも言われる多くの成功者は、子どもの頃に内向的な性格でした。一人で深く思考を重ねるのが好きでした。だからいじめの対象になることも少なくありませんでした。しかし彼らは、ある時点で自分を成長させ、自分の良さを保ったまま、世に出ることができたのです。


この本では、最新の脳科学研究から明らかになった、「おとなしさの真実」とさまざまな「性格をリセットして成長させる方法」をお伝えします。世界に先駆けて、自分で性格をシフトさせる「ゾーン体操TM」の入門編もお伝えします。

パーソナリティ研究の父とも言われるハーバード大学の心理学者ゴードン・オールポートは**「性格とはある状況で何度も繰り返される思考パターン」**と定義していますが、性格とは日々の繰り返しでできています。(5)

あなたが自分の性格にストレスを感じているとすれば、そもそもあなたの性格がどうやって作られているのか、どこに原因があるのか、自分に問いかけながら読んでいただけたらと思います。
ただ、**この本で紹介されている全ての方法をやらなければいけないわけではありません**。自分に合いそうなもの、簡単そうに思えるものから試し、合わないと思ったら、また別の方法に切り替えてもらっても大丈夫です。

あなたが「自分の性格が嫌い」だとしたら、人生はとても苦しいものだと思います。「性格は生まれつき決まっている」という偏見があるので、「一生こんな性格の自分と、付き合っていかなくてはならないのか」と思うと、絶望的な気持ちになる人もいるでしょう。
私が本書を書こうと思ったのは、そのような「性格」にまつわる数々の常識や偏見によって生まれる苦しみを、少しでも減らすお手伝いがしたいと思ったからです。

人間は、「90歳まで脳の神経細胞が増え続ける」と言われています[6]。「生まれたときと死ぬときでは、脳は別人になっている」という研究結果もあります。

あなたの性格は、成長してシフトすることができるのです。

私自身も大きく性格がシフトした一人です。

脳のメカニズムを理解し、訓練しさえすれば、「理想の性格」を手に入れることは可能なのです。

科学的な方法で性格をシフトさせ、成功への道を歩むためのガイドブックとして、本書を活用していただけたら、これほど嬉しいことはありません。

脳科学者　西剛志《たけゆき》

「おとなしい人」の完全成功マニュアル　内向型の強みを活かし、人生を切り拓く方法　目次

第2章

おとなしい性格に秘められたすごい力

第3章

「控えめなのに優秀な人」がやっていること

第4章

「恐怖学習」と「快感学習」が性格を作る

第5章

理想の自分という幻想をリセットする

第6章

「人」と「環境」と「行動」があなたを変える

第7章

1分でモヤモヤが消える「ゾーン体操™」

第 | 章

「内向型」と「外向型」
――本当の自分はどっち？

写真を見るだけであなたがわかる

左の写真をしばらく見てみてください。

あなたはこの写真の中で、何を見ていたでしょうか？

実は脳の研究で、その人の性格によって写真を見る場所が全く違うことがわかっています[1]。

- **少女や動物の顔を中心に見ていた人　↓　外向性が高い**
- **顔だけでなく景色も見ていた人　↓　内向性が高い**

「こんなことでわかるの？」と思われるかもしれませんが、米国にあるソーク研究所の認知神経科学チームは、人の顔と花の写真を見せて、人がどこに関心を示すのかを

PH／ADOBE STOCK

調べる面白い実験をしました。

その結果、**外向性が高い人ほど、人の顔を見たときに大きく脳が反応した**のです。一方で**内向性の高い人は、人の顔よりも花の写真を見たときのほうが、高い関心を示す脳波がたくさん出る**ことがわかりました。

一般的に「外向性が高い人は、人が大好き」というイメージがありますが、まさに脳科学で実証されたということになります。内向的な人は、みんなといるよりも一人を好む人が多いですが、これはその人の価値観の問題というわけではなく、内向型の脳がそもそも外向型より人の顔に興味がないからだったのです。

内向型に対する考え方が変わってきている

おとなしい性格は、よく「内向性」「内向型」とも言われますが。そもそも「内向的な性格」とは、いったい何なのでしょうか？

「内向性」の反対は「外向性」とも言われ、「暗い」「明るい」と表現したり、最近では、陰気なキャラクター・陽気なキャラクターを略して「陰キャ」「陽キャ」というネットスラングが使われたりすることもあります。内向型はあまり明るい性格ではなさそうだなと思う人もいるかもしれません。

また最近では、「繊細さん」と言われるハイリーセンシティブパーソン（ＨＳＰ）という言葉もよく聞くようになりました。(2)


しかし、近年、この内向型に対する考え方は、随分と変わってきています。

詳細は第2章でもお伝えしますが、その中でも世の中を驚かせたのが、トップ営業マンのリサーチからわかってきた次の事実です。

「外向型」と「内向型」どっちが優秀な営業マンになるのか？

営業の世界では外向型の人よりも、内向型の人のほうが圧倒的に不利だと言われています。なぜなら、内向的でおとなしい人は、あまり意見を言わず、人見知りをするイメージがあるからです。
実際に、外向型は優れたコミュニケーター、リーダーになりやすいと言われていて、リーダーとしても頭角を現しやすいことが研究でも示されています。[3-4]
外向性がある人は華やかで目立つため、内向型の人はどうしても陰に隠れてしまうように見えます。
そこで、ペンシルバニア大学の研究チームは、トップセールスマンは、どのような性格を持っているのかを実際に調べてみました。[5]その際「外向型」、「内向型」という

2つの分類ではなく、近年注目されている第3の性格も取り入れてみました。それが、**「外向型」と「内向型」の両方をあわせ持った「両向型」という性格**です。

研究チームは、340人のコールセンターの販売員を「外向型」、「内向型」、「両向型」の3つのグループに分けて、どの性格タイプが最も高い営業成績を上げているのかを分析してみました。すると、こんな結果になったのです。

1時間あたりの売り上げ
1位：両向型　↓　132%(151・38ドル)
2位：内向型　↓　110%(126・8ドル)
3位：外向型　↓　100%(114・96ドル)

なんと、多くの人の予想を裏切り、「外向型」が3位で最下位となってしまいました。

そして、逆に「内向型」は外向型よりも、約10%も高く売り上げ、最も成績を上げた第1位の「両向型」は外向型と比べると、なんと約32%も高い売り上げを達成していました。

外向性が高い人は、人好きでいつもエネルギーにあふれて、言葉も多く話もうまい傾向があります。しかし、そのあまりに熱意のある積極的な態度によって、営業では顧客が引いてしまうこともあるようです。加えて外向型は自分の視点で物事を考えてしまいがちのようで、顧客によくない印象を与える傾向があることもわかりました。

私たちは、どんなに話がうまくても、積極的に商品やサービスを勧めてくる人に対して不信感を感じることがあります。そのため、商品を購入する意欲が減ってしまい、売上も下がるのでしょう。

一方、内向性が高い人は、控えめな部分があります。無理に売りつけようとせず、相手の話をよく聞きます。困ったことがあれば、必要なものを無理のない形で提案してくれます。

ですので、内向型のほうが外向型よりも顧客の信頼度が上がり、売り上げが高くなると考えられるのです。

実際に保険の営業でも情報よりも相手に親切にする人ほど、保険の契約数、収入、ノルマの達成率が上がったり、相手に信頼感を抱かせ、大胆な提案も取りやすくなることがわかっています。(6-7) 内向型は顧客に安心感と信頼を与えていると考えられます。

さらに、最強なのが、外向性と内向性を合わせ持った「両向型」です。

両向型の人たちは、相手が必要とする情報を積極的に与えて、相手の話をよく聞きます。役立つ情報と安心感を同時に与えるため、顧客との大きな信頼関係をすぐに築きます。**信頼関係は、商品のよさよりも商品の購入の決定に2倍も影響する**という報告もあります。(8) 両向型は信頼関係を大切にしながら情報を与えることで、さらに売上を伸ばしていると考えられます。


私も仕事柄、保険や車のトップセールスマンとお会いすることが多いですが、無理に商品を売りつけようとせず、必要なときに必要な情報を提供してくれるため、安心してお付き合いできる人が多い印象があります。ときには、商品とは全く関係のないおすすめのレストランや子どもの学校を紹介してくれたり、生活にも役立つなるほどと思える情報を提供してくれるため、より信頼感を抱きます。決して派手ではありませんが、誠実さを感じられます。

内向型はこれまで目立たない存在だと思われてきました。しかし、内向型や両向型の人たちはビジネスの世界でも活躍していることがわかってきています（詳しくは第3章でもお伝えします）。

トップアスリートの10人に9人は内向型？

ビジネスの世界だけではなく、スポーツの世界でもこの内向型や両向型という性格が注目されています。

世界で活躍する一流のスポーツ選手は、とても快活でエネルギッシュ、カリスマ性があって、どう見ても外向的に見えるかもしれません。しかし、自身もオリンピックの金メダリストであるデビッド・ヘメリーがスポーツ選手に行ったリサーチでは、こ

んな結果が出たそうです。(9)

「トップアスリートの89％が内向的だった」

しかも、**自分が外向的だという選手は6％しかおらず、残りの5％は中間だと答えたそうです。**

これを聞いたとき、最初はイメージとは異なっていて、とても驚きました。

しかし、よく考えてみると、スポーツは自己管理や練習が大切ですし、スキルアップや駆け引きなどは自分自身の心との闘いだったりします。テニスやゴルフ、水泳、陸上など個人競技は特にそのような性質が強くなります。プロのサッカー選手をサポートしたこともありますが、落ち着いた人が多い印象がありました。

フロリダ州立大学の研究でも、一流のバイオリンのトッププレーヤーの90％が最も大切にしていることが、「一人での練習」と答えたそうです。(10)自分と向き合う能力は、内向型がなせる業だと言えるでしょう。

また、メジャーリーグで大活躍している大谷翔平選手が、高校1年生のときから「マンダラチャート」と呼ばれる目標達成シートを作成していたという話は有名です。シートの中には「雰囲気に流されない」「あいさつ」「ゴミ拾い」など、一見、野球とは関係なさそうな目標も事細かに書き込まれていたそうです。ここまで細かい心の習慣を書くことができるのは、人がどういったときに心が動き、自分のパフォーマンスにつながるのかを分析できる典型的な内向型の才能があったと考えられます。

たまたま、私の知り合いが大谷選手の保険を担当していますが、日本でプレーしていた時代の彼の様子を見ていて、どんなに大活躍しても派手な生活をせず、堅実な生活をしているという話を聞きました。外向性が高い人は派手な生活をする傾向がありますが、その逆の賢実な生活は内向性が高い人の特徴だったりします。

彼には生まれつき野球の才能があったのだ、ととらえることもできます。ですが、自分を見つめ自分の弱点を把握したり、改善点と忍耐強く向き合う「内向的な性格」があったからこそ、「超一流の域」にまで達したのかもしれません。

本当のあなたがわかるパーソナリティ診断

私たちの脳は性格にとても関心があるようです。海外の研究でも、人の顔を見たり、行動に関する文章を読むだけでも性格を無意識に想像してしまうことがわかっています。[11-13]
私たちは、自分のことを一番よく知っていると思っていますが、意外と自分のことをすみずみまで完全に理解している人は少なかったりします。[14]
脳というのは、一度強く思い込むと、自分がすでにもっている先入観や仮説を肯定するため、自分にとって都合のよい情報ばかりを集める傾向があります。「**確証バイアス**」（バイアスとは偏った考え方や脳のクセ）と呼ばれるもので、一度気になった性格があると、自分はやっぱりそうなんだと性格に関するイメージを強化してしまいます。[15]
そこで、客観的に「内向型」「外向型」「両向型」の3つのタイプが簡易的にわかる画期的な診断をご用意しました。

ペンシルバニア大学の理論をもとに私が日本人向けにオリジナルで開発した診断で、20個の質問に答えるだけであなたの「本当の性格」を知ることができます[16]。

あなたの性格がわかる20の質問

方法は簡単です。次の質問に対し、5点満点で点数をつけてください。「強く当てはまる」と思うときは5点、「当てはまる」は4点、「どちらともいえない」ときは3点、「当てはまらない」は2点、「全く当てはまらない」ときは1点をつけます。

理性で考えすぎると結果がぶれることがありますので、なんとなく、これくらいかなという感じで、手際よく感覚で点数をつけてみてください（QRコードも用意しました。チェックするだけで自動で結果がわかり、SNSなどで結果をシェアできます）。

QRコードはこちら↓

1　ファッションに興味がある。
2　自分を知ってもらうのは難しい。
3　他人と距離を置きがちだ。
4　自分のことをあまり明かさない。
5　友達をつくるのは簡単だ。
6　社会的な地位やお金に興味はない。
7　情熱的な人間ではない。
8　幸せなときは感情を表に出す。
9　いろんな楽しみを持っている。
10　よく笑う。
11　一人でいる時間が好きだ。
12　疲れたときは人と一緒にいると元気になる。

13　他人に影響を与えるような能力はない。
14　人を惹きつける方法がわかっている。
15　他人がリードしてくれるのを待つ。
16　自分はよいリーダーだ。
17　他人に指示ができる。
18　自分の意見を表に出さない。
19　行動するのが早いほうだ。
20　自己主張ができないタイプだ。

左のボックスに点数を書き込んでください。

設問	点数	補正
1		
2		→
3		→
4		→
5		
6		→
7		→
8		
9		
10		
11		
12		
13		→
14		
15		→
16		
17		
18		→
19		
20		→
合計		

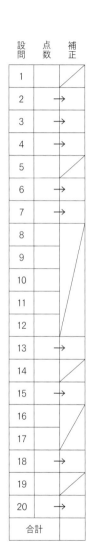

【採点方法】
①2、3、4、6、7、13、15、18、20の質問は、点数を逆にする
例：1点↓5点、2点↓4点、3点↓3点、4点↓2点、5点↓1点
②1〜20の点数を合計する（QRコードの診断は自動で計算を行います）
この簡易テストでは、「内向型」「両向型」「外向型」の3タイプのうち、自分がどれに当てはまるのかを知ることができます。

結果はこちらになります。

・20点〜60点　↓　内向型
・61点〜76点　↓　両向型
・77点〜100点　↓　外向型

＊19点以下の場合は、第2章以降でもお伝えする神経症傾向が高い可能性があります。

さて、結果はどうだったでしょうか。「思ったとおりだった」という人もいれば、「内向型かと思っていたけど、両向型だった」という人もいるかもしれません。もしくは、「外向型」だったという人もいるでしょう。いずれにしても、自分のタイプを知ることで本書の使い方も変わってきます。まずはあなたがどのタイプなのかを把握してみましょう。


この診断は数ヶ月ごとに定期的にチェックすることをお薦めします。自分の性格がどのくらいシフトしているかを確認できるからです。

QRコードのサイトでは内向型、外向型以外の五大性格（神経症傾向など）も診断できます。今回のスコアを記録して、本書のワークを実践した効果を確認すると意外な変化を実感できるかもしれません。

カナダのマギル大学のカール・ムーア准教授の研究によると、人口のおよそ40％が「内向型」、40％が「外向型」、20％が「両向型」だったそうです。[17]

人見知りは3つの性格でできている

今回の診断で「内向型」「両向型」だった人は、外向性が高い人に比べて高い内向性を持っていると言えます。

私も仕事でいろいろな人とお会いしますが、よく言われるのが、「私は内向的なので、人見知りなんです」という言葉です。

しかし研究では、内向的な人が、必ずしも人見知りになるというわけではないことがわかっています[30]。

結論をお伝えする前に、まず「人見知り」とはどのようなものなのかを見てみましょう。


人見知りは、専門用語で「**シャイネス**」といわれます[18]。一般的に人前で緊張したり、意見を言えなかったりする人たちです。よく、「日本人は海外と比べてシャイな人が多い」と言われますが、これは何も、日本の国民性にかぎったことではありません。「**シ**

ャイな性質」は、世界中の人々が持っていて、約31〜55％の人が、自分を「人見知りだ」と感じた経験があるようです。[19]

人見知りがあると、赤面したり、汗をかいたり、ドキドキしやすく、対人関係や仕事でも支障が出たり、自分の考えで頭がいっぱいになったりする傾向があります。[20-24]他人からどう見られているかが気になり、新しい人との交流もあまり好きではありません。メールやインターネットでのコミュニケーションを好みますが、孤独感が強くなることも多いようです。[25-29]

ここまで見ると、人見知りって、やっぱり内向的な人のことじゃないかと思われるでしょう。しかし研究では、人見知りは、大きく3つの性格が同時に存在したときに初めて生まれる「性格」であることがわかっています。[30]

人見知り＝「内向性が高く」＋「神経症傾向が高く」＋「協調性が高い」総合的な性格

つまり、**内向性が高かったとしても、マイナス面を見てしまう「神経症傾向」が低く、人に合わせてしまう「協調性」が低ければ、人見知りにならない**ということです。

世の中には、妄想ばかりしていても、「こんなことが起きたらいいな」などプラス思考の内向型の人たち（神経症がない内向型）がいます。妄想が好きだけど、あまり周りのことを気にしないマイペースな内向型の人（協調性が低い内向型）もいます。

実はこのような人たちは、内向性が強くても、人見知りにはなりにくいのです。

米国のジョナサン・チーク教授は、世界中の内向型の人をリサーチして、大きく４つのタイプが存在することを明らかにしました[31]。この４つのタイプを知ると内向型だからといって、決して人見知りにはならないことがわかります。

内向型を４つに分類した「ＳＴＡＲ」モデル

① 社交系内向型

明るい内向型です。集団行動はしますが、一人でいることが純粋に好きな人で、一人キャンプや一人でレストランで食事をしても何も思わない人たちです。気心の知れた少人数での行動を好みます。神経症傾向があまりない内向型のタイプになります。

②思考系内向型

自分の好きなことを話すときだけ、楽しそうで明るくなる内向型です。このタイプは自身の内側に強い関心が向かうため、一つのことを突き詰める人たちです。研究者や科学者、職人気質の人に多い傾向があります。きわめて内省的で思慮深い人です。神経症傾向が低く、協調性もあまりない内向型のタイプになります。

③不安系内向型

神経質な内向型です。プラスよりもマイナスなことに目が行きやすいため、人の目線が気になり、慣れない状況で緊張したり、一人になっても不安感があったりする人たちです。自意識が強く、シャイで人見知りの人に多いタイプです。神経症傾向が高く、周りに合わせてしまう協調性も高い内向型になります。よく「繊細さん」と言われるＨＳＰ（ハイリーセンシティブパーソン）の人たちも、この不安系内向型の人が多かったりします。

④抑制系内向型

怖がりですが、周りを気にしないマイペース型です。行動を起こすまでに時間がかかるタイプです。思いつきを嫌い、じっくり計画を立てて行動します。空気を読まずに、自分で考えをまとめてから話そうとするため、周りからイライラされることもあります。神経症傾向が高く、協調性が低い内向型です。

内向型の人は、暗い性格のように思われがちですが、決してそうではありません。
①の社交系内向型、②の思考系内向型の人たちは、物事をプラスにとらえる性格の人たちで、明るい内向型とも言われています。
組織にいても群れを好まず、一人で仕事をしますが、みんなと仲良くできる人を見たことがないでしょうか。これはまさに①の社交系内向型です。
②の思考系内向型の人は、私自身、大学院で研究していたときにもたくさん出会い

ました。このタイプの人は物静かで黙々と研究します。仕事が終わればすぐ帰宅し、人付き合いはよくありません。しかし、研究のことを話しているとき、つまり自分が好きなことを話しているときは、やたら楽しそうです。こういった人は、職人さんや収集家など、一つのものを深く掘り下げることが好きな人に多い傾向があります。

世の中には「おとなしい性格の人は人見知りだ」という考えがあります。

クライアントから、「私は外向的じゃない。すぐに人見知りするし、大勢の人の前では緊張してしまう。おとなしい性格を変えたい」という声を聞くこともあります。

このような悩みが出てくるのは、③の不安系内向型のタイプです。内向的な性格に加えて、マイナスなことにフォーカスする「神経症傾向」という全く別の性格特性が高く、加えて周りに合わせる「協調性」という性格が高い傾向があるため、周りのことばかり気にしてしまうタイプです。相手は何も言っていないのに、自分のことを悪く思っているのではないか？　と勝手に妄想が膨らんでしまう人たちです。
④の抑制系内向型は、協調性が低いため、人のことにはあまり関心がありません。

質問しても、周りを気にせずマイペースにずっと考えている人がいます。このような人は人見知りの程度はそこまで高くありません。
つまり、人見知りとは、③の不安系内向型に特化した人たちなのです。

ここで大切なことは、人の悩みを生み出すのは「内向性」ではなく、「神経症傾向」であるということです。これについては、第2章以降でも述べますが、神経症傾向は遺伝的な影響が約46％で、半分以上が後天的な影響でつくられることが行動遺伝学や脳科学の研究でもわかっています。[32]
朗報としては、**高い神経症傾向は、後天的な刺激によって下げることができる**と数々の研究で証明されていることです（左のグラフのように、外向性や神経症傾向、協調性などの性格は生まれてからの環境の影響が半分以上であることがわかります）。
私自身も以前、人前で話すとドキドキしたり、赤面したり、初対面の人が苦手だったり、人見知りな部分がありましたが、おかげさまで今では全くなくなってしまいました。テレビやラジオに出演することも増えましたが、自分でもビックリするほど緊張しないため、驚くことがあります。

神経症傾向を含む性格は
後天的な環境の影響も大きい

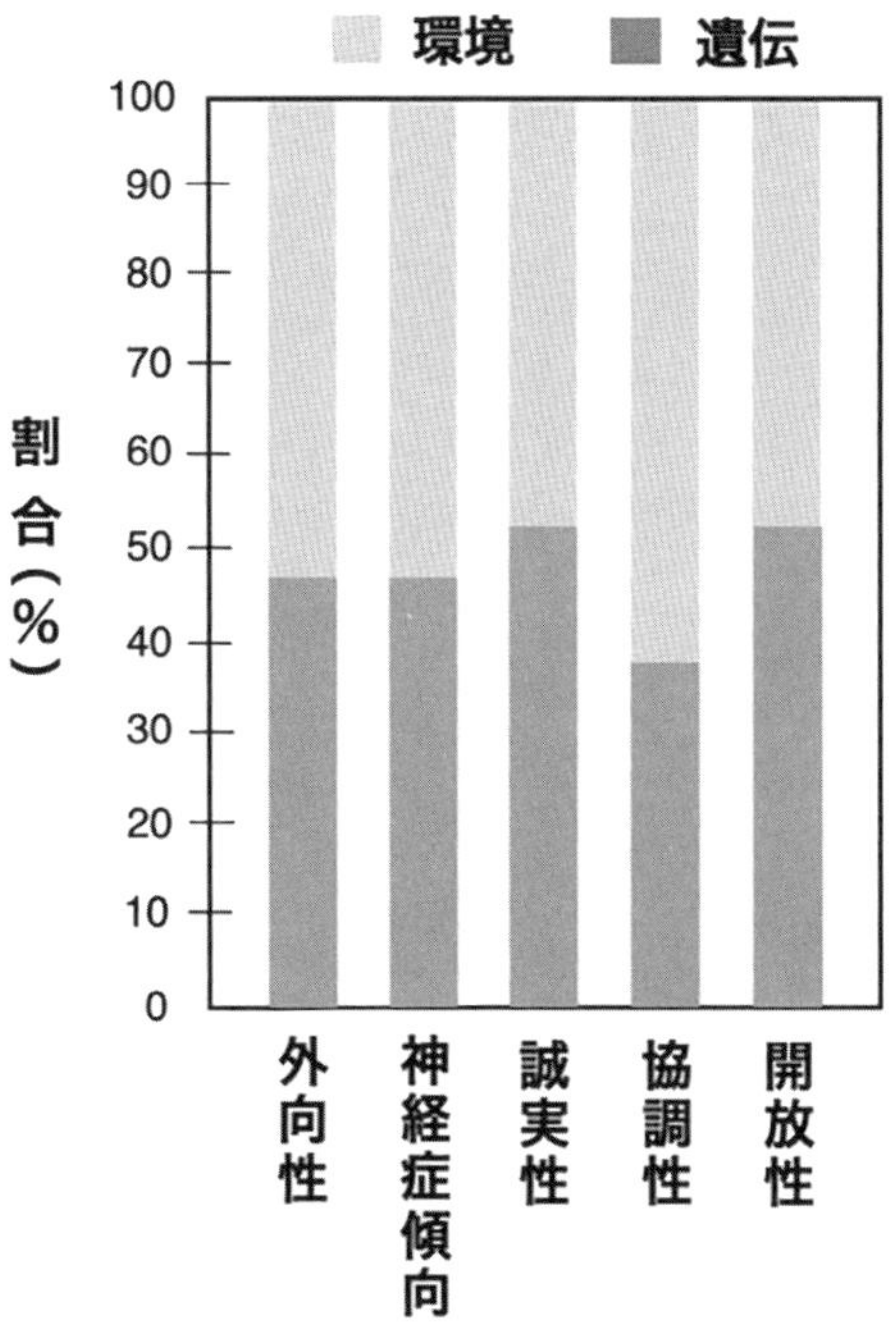

出典：Bouchard, Thomas J. et al., 2003,
Plomin R, et al., 2016, van den Berg, S. et al.,
2014, Ando, et al., 2004,2011を参考に作成

第2章

おとなしい性格に秘められたすごい力

内向性を理解することが幸せの鍵

第1章では、内向型に対する常識が変わってきている事実についてお伝えしました。

もう一つ近年の研究でわかってきたとても大切な真実があります。

内向性やおとなしい性格で悩んでいる人は、**自分の性格を理解して「自分はそういう性格なんだ」と認めることができると、幸福度が上がる**という事実です。(1)

また、自分に対する多面的な解釈ができる人ほどストレスを受けにくくなることが海外の研究でもわかっています（専門用語で「自己複雑性緩衝作用」と言います(2)）。

昔から、いろいろな教えでも「自分を認めることが大事だ」と言われてきましたが、科学的にも本当だったのですね。

そこで、本章ではおとなしい性格で悩んできた人のために、「内向性ってそもそも何だろう？」ということを中心に解説したいと思います。人によっては、この章だけで自分に対する捉え方が変化してしまうかもしれません。
性格の研究は、最も古いもので古代ギリシア時代に遡りますが、**「内向性」という言葉は、心理学の世界的な巨匠の一人と言われるカール・グスタフ・ユングによって初めて提唱されました。**[3]近年では、世界で最も科学的に検証されて発展してきた5つの性格理論（ビッグファイブ理論）によって、内向型の人たちの研究が進んでいます。
これまで世界中で分析されている性格の論文は、アメリカ国立衛生研究所のデータベースに収録されているだけで9万以上もあります。[4]
性格は、研究者それぞれが独自の理論を提唱しながら互いに影響し合い、発展してきたため、定義が定まっている訳ではありません。しかしその中でも、脳科学の研究も進んでいるのが、**「ビッグファイブ理論」**です。

私たちを構成する5つの性格タイプ

ビッグファイブ理論とは、世界の文化や環境によらず、パーソナリティをできる限り少ない5つの要素で表現して生まれたもので、次の独立した「5つの性格」で構成されています。[5-6]

(1) 外向性（Extraversion）
(2) 神経症傾向（Neuroticism）
(3) 誠実性（Conscientiousness）
(4) 協調性（Agreeableness）
(5) 開放性（Openness）

それぞれの頭文字をとって、OCEAN（オーシャン）とも呼ばれることもあります。
この5つを見るとわかりますが、これらの性格の中に「内向性」という要素はありません。では、**「内向的な性格」とは何を指すのかというと、(1)の「外向性」のスコアが低い人のこと**です。[7]「外向性」が強ければ「外向型」、低ければ「内向型」というわけです。
性格は、「外向性」や「内向性」の要素だけでなく、その他の4つの性格が組み合わさって、複雑に融合してできています。マイナスにフォーカスする「神経症傾向」、勤勉にこつこつ努力する「誠実性」、まわりの人に合わせられる「協調性」、それから、新しいことが大好きな「開放性」が組み合わさって、人の性格が決まるということです。[8-13]
外向性というとよい面ばかりを想像しやすいですが、近年の研究では外向性が高いと非行に走りやすくなったり、[14] お酒の飲酒量が多く中毒や依存症になりやすいという報告もあります。[15-19] **性格はよい悪いという単純なものではなく、状況に合わせて多面性を持っているもの**なのです。
この5つの性格だけでは、全ての性格を一部表現できないという事例もありますが、現在、私たちのおおよその性格を最も表現できる性格理論とも言われています。[20]

「内向性」にまつわる4つの非常識

「内向的な性格」というと一般的によくないイメージがある人が多く、人生で成功するためには足かせになってしまうと思っている人も多いようです。大人だけでなく、子どもも一人で遊んでばかりで社交性がないと、将来が心配になるという親御さんは多いことでしょう。

しかし、近年、この内向性は決して悪いものではなく、数々のメリットもあることが証明されはじめています。「内向的な性格を直したい」という人は多いですが、必ずしも、内向的な性格であることが問題にはならないこともあったりするのです。

内向的な性格の真実を知っていただくために、近年の研究でわかってきた内向性にまつわる4つの非常識を、それぞれ見ていきましょう。

非常識①：内気な人は弱い

「おとなしい人は、心身ともに弱い」。これは内向型に対する誤ったイメージです。

内向的な人は元気がないという印象があるかもしれませんが、実は数々のリサーチからも、全くの真逆で、むしろエネルギーが高いことがわかっています。

外向的な人に聞くと、ほとんどの人が「人と一緒にいると元気になれる」と言います。人と一緒にいることで、会話をしたり励ましの言葉をもらったりして、人から元気をもらえるからです。人とつながることでエネルギーを充電しているとも言えるでしょう。ある意味、**自分でエネルギーを生み出せないため、人からエネルギーをもらうことで元気を回復する人たち**です。

しかし内向的な人は、元気を回復したいとき、一人でのんびりしたり、部屋で好きなことをしたりするほうが元気になると言います。なぜなら、**内向型の脳は自分一人でエネルギーを生み出せる**ため、好きなことをやっているだけで元気を回復できるからです。
舌の上にレモン汁を垂らして、どのくらい唾液が出るか調べる実験があるのですが、外向型の人よりも内向型のほうが、なんと50％も多く唾液が出ます。[21]
つまり、内向型の脳は、ほんの少しの刺激でも、強く反応する高いエネルギーを持っているということなのです。18〜27歳の若い人たちを調べたリサーチでも。**内向性が高い人は外向型の人よりも、生理学的な代謝が30％も高い**という報告もあります。[22]
一人ではエネルギーを生み出せない外向型に対し、ふだんから脳の覚醒レベルが高い内向型は、一人でも楽しめる大きなエネルギーを持っていることが科学的にわかってきているのです。
「内向型」の強さに関して、もう一つの興味深いリサーチがあります。
それは、**「内向型は孤独に強い」**ということです。
左のグラフを見てください。

パンデミックでの内向型の生存力の変化

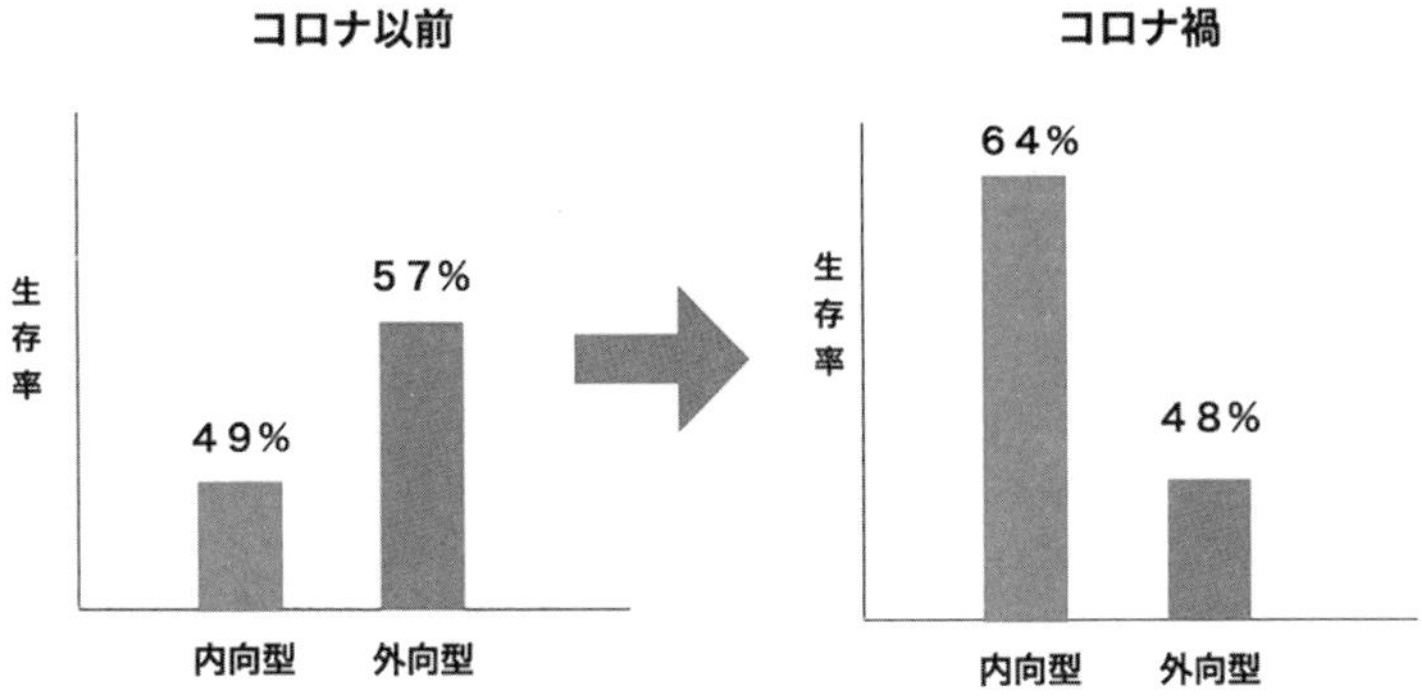

出典：Glei DA & Weinstein M. 2022のデータを一部改変

これは、米国ジョージタウン大学でおこなわれた、新型コロナウイルスが発生する前（1995～2020年2月）と、パンデミックのコロナ禍（2020年3～12月）の生存率を比較したものです。25～85歳を対象に、内向的な人と外向的な人ではどちらが生き残りやすいか、調査しました。[23]
見ていただくとわかると思いますが、コロナ以前は、外向的な人の生存率のほうが、57％と内向的な人より高くなっています。
しかし、コロナ禍では、真逆の結果になりました。**内向的な人のほうが生存率が64％にグッと上がり、外向的な人は生存率が下がってしまった**のです。

現在いろいろな説が考えられていますが、その一つは、外出制限が行われて人に会えない環境では、外向的な人はエネルギーが回復できず生きる意欲が下がってしまったのではないかと言われています。

自粛ムードが続き、リモートワークが当たり前になり、飲み会や旅行も制限される中、他者との触れ合いでエネルギーを回復する外向型は、ストレスがたまり免疫力も下がってしまったのかもしれません。

逆に、一人でもエネルギーを生み出せる内向型は、誰にも会えなくてもストレスを感じにくい傾向にあります。自宅で一人、気楽な毎日を送れた、という人もいるのではないでしょうか。孤独な環境でも生き抜ける力を持っているのが内向型なのです。

また、宇宙ステーションや南極の観測所など、閉鎖的で極度の孤独にも耐えられる人を研究した結果、内向性が高いだけでなく、社会的な交流を楽しめる、いわゆる「両向型」の人が最強であることもわかっています。[24] ブリティッシュコロンビア大学の心理学者らは、このような人たちを**「社交的な内向型」**と呼んでいますが、やはり外向的な性格だけでは、孤独に耐えることは難しいようです。

非常識②：静かな人は意見がない

もう一つ内向的な性格についての誤った考え方は、内向型の人には自分の意見がないということです。

口数が少なくだまっていたり、積極的に発言する様子もないため、パッと見ると確かに意見がないように見えるかもしれません。

しかし、脳の研究では、**外向型の人よりも内向型のほうが、深く考える能力が高い**ことがわかってきています[25]。

これは、実際に内向型の人の脳をスキャンしてわかったことですが、濃いグレーで示した部分が、内向型の人が発達した脳の部分を示しています。脳には神経細胞が密集した灰白質と呼ばれる部分があります。**内向型の人のほうが、前頭前野の約３分の**

内向型の人が発達している脳の部分

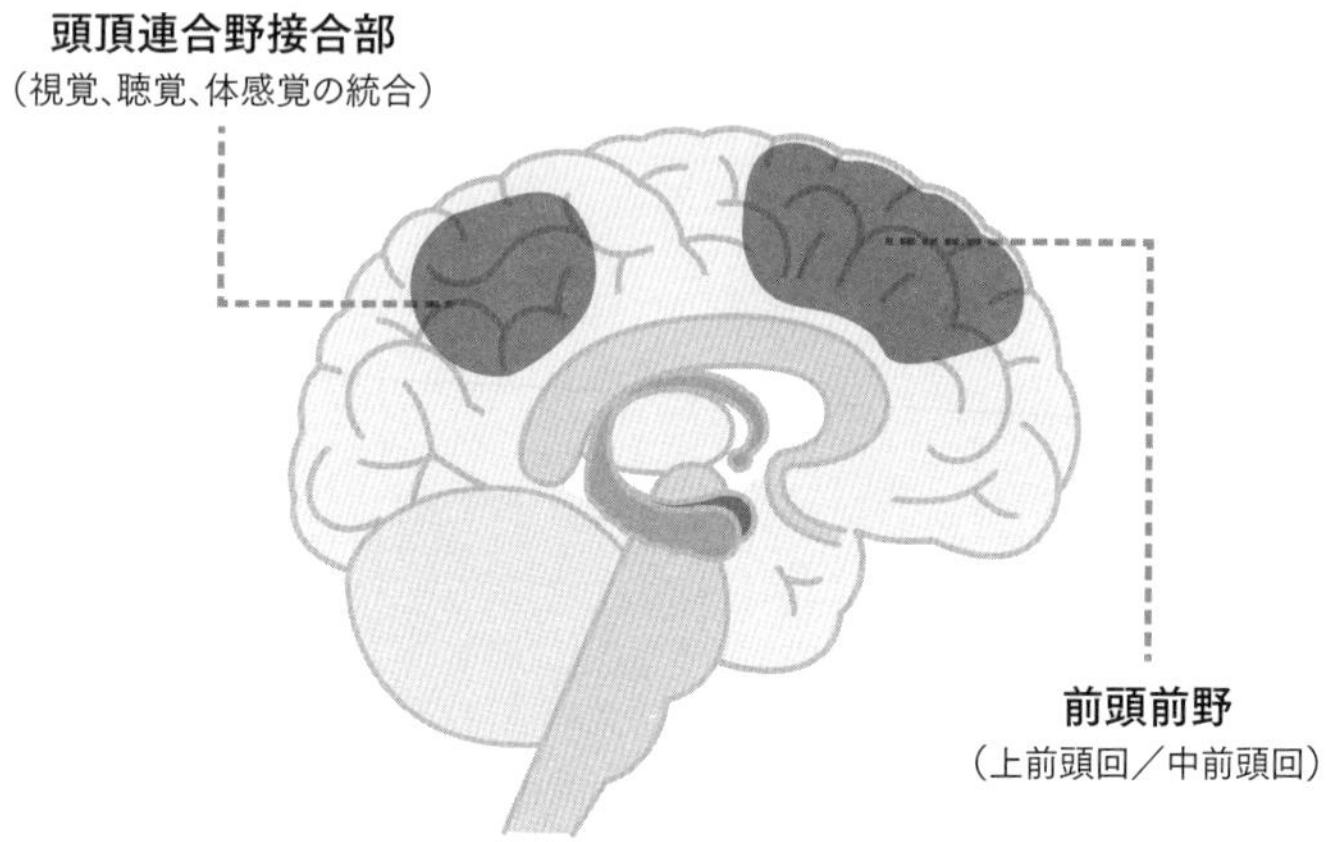

1を占める上前頭回／中前頭回と右頭頂接合部の灰白質が厚くなっていました。
これらの部分は、深い思考や内省、行動抑制、社会的な感情の処理などを司るところです。つまり、内向型の脳のほうが、より深く考える能力が高いことを意味しています。一方で外向的な人はこれらの皮質が薄くなっていることから、あまり深く考えずに、とにかく行動してみようとする傾向が考えられます。

他の研究でも、内向的な人と外向的な人の脳の血流量を調べたところ、**内向型の人は前頭前野と視床前部の血流量が多かった**そうです。[26]

特に前頭前野は、計画を立てたり、学習に関する論理的思考を司ったりしています。**外向性が高い人は曖昧《あいまい》に話す傾向にあり、内向性が高い人は具体的に話す傾向**が知られていますが、(27) これはもしかすると、前頭前野の発達の違いからきているのかもしれません。

よく内向性が突出した人のことを「オタク」と呼ぶことがありますが、自分が大好きなフィギュアやアイドル、鉄道の話になると、専門用語をフルに使って流暢に語るシーンを見たことがないでしょうか。これはまさに前頭前野が発達している証拠なのかもしれません。

また飲み会でお酒を注文するときに、外向性の高い人は「何でもいいので、料理に合う美味しいワインありますか？」と曖昧に聞いてしまう傾向にあります。一方、内向性が強い人は「フルボディでバランスのとれた赤ワインはありますか？」と聞くことが多かったりします。

内向型は、外向型よりも「前頭前野」が発達しているため、思考が深いことが特徴といえます。外向型は曖昧に話し、内向型は具体的に話すというのも納得です。

ですから、外向型の人は、よくも悪くも深く考えすぎない傾向があります。逆に「まあ、いっか!」とすぐに気持ちを切り替えることができるのは、外向型のメリットです。また、**外向型は行動に移す脳の部分（運動野）の処理が速いため、テキパキと行動できる**のも特徴です。[28]

内向型は行動に移す処理は遅いですが、外からの情報を内部で処理するスピードが速いため、動く前にいろいろと深く考えるのも特徴です。

それは「深い思考力・洞察力」という長所にもなり得るのです。

一方で外向性が高い人たちが優れた脳の部分も研究されています。具体的にはこんな部分が活性化しやすいことがわかってきました。[7]

外向性の高い人　↓　ドーパミン報酬系が活性化しやすい

つまり、外向型は外側の報酬に対して敏感に反応しやすく、ドーパミンが出て大きな快感を感じやすい人たちです。お金持ちになりたい、社会的な地位を得たい、偉くなりたい、ブランド品など高級品やサービスが大好き、異性にモテたいなど、外側の報酬により魅力を感じやすいタイプとも言えるでしょう。

一方で、**内向性が高い人は外側に報酬があっても大きな快感を感じない**ため、お金や地位や名誉、物欲などにそこまで興味がなかったりします。

内向型は、プレゼントをもらってもリアクションは派手ではありませんが、決して嬉しくない訳ではありません。すごく嬉しいというよりも、たんたんと嬉しいという感じでしょうか。内向性１００％の人がもしいるとしたら、プラスでもマイナスでもなく、ニュートラルな状態に近いと言えるでしょう。

非常識③：内向的な人は幸せではない

もう一つ、よく言われるのは、内向型は落ち込みやすく、マイナス思考になりやすいということです。
しかし内向性そのものは、プラスでもないニュートラルに近い状態であって、マイナス思考の根本的な原因ではないことがわかっています。

左のグラフを見てみてください。

１１７３人の自尊心を調べたデータですが、**内向型の人でも神経症傾向が低い人は、外向性が高い人と同じくらいの自尊心を持っている**ことがわかります。[29] 自尊心とは、自分を尊敬するレベルで、いわゆる自信に近い心理状態です。しかし、神経症傾向が高いと、内向型の人は、自尊心がグッと下がってしまいます。外向性が高い人は神経症傾向でもあまり自尊心には影響はないようです。

自信のレベルと神経症傾向

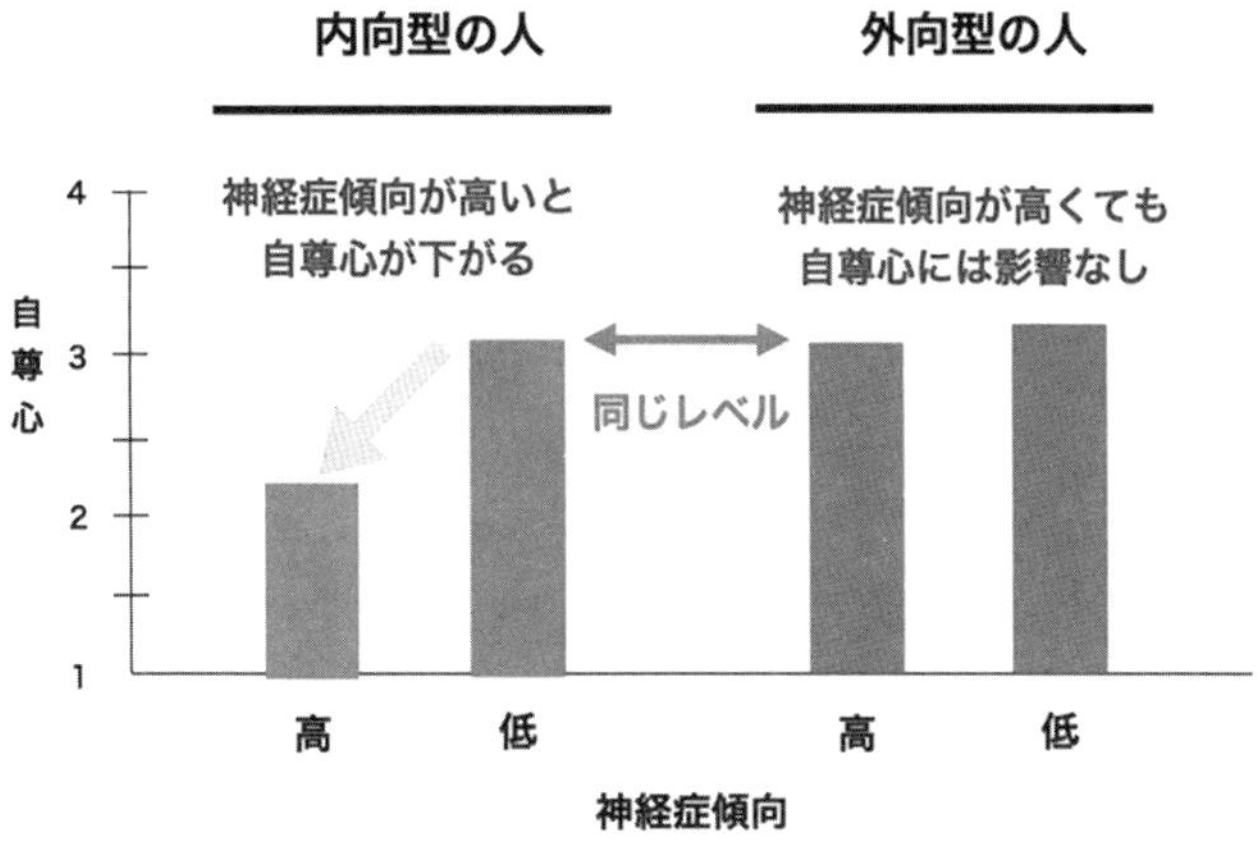

出典：Fadda D & Scalas LF., 2016のデータを一部改変

つまり、**内向型だったとしても外向型の人と同じくらいの自信を持てる**ことを意味しています。

一番問題なのは内向性ではなく、神経症傾向だったのです。**マイナス思考になるのは、「神経症傾向」の性格が大きく関係している**ことがわかってきています。

非常識④：おとなしい人は仕事ができない

前章でも伝えた通り、営業の分野では意外にも内向型と両向型の人がセールスを上げることがわかりました。ビジネスで活躍する内向型の人たちに関しては、第3章でも述べる予定ですが、おとなしい人たちにとって、もう一つの成功に不可欠な性格の要素があります。

それが、**コツコツと地道に努力する「誠実性」の高さ**です。[30]

おとなしい人は、「内向性」が高い人だけでなく、「誠実性が高い」人も多数含まれます。

誠実性とは、成果が出るまで忍耐強く努力を続けたりできるセルフコントロールの力が高いことです。今、たとえやりたいことがあったとしても、将来のために自分を抑えて大切なことにエネルギーを注ぐことができます。派手に結果をどんどん出すというよりも、着実に前に進んでいくタイプで、このような人たちもよく「おとなしい人」に見られます。

このようにあまり目立たない「誠実性」ですが、米国のレイ・バリック教授らが、さまざまな職業で、どんな性格が仕事の成功に結びつくのかを調べたところ、意外な結果がわかりました。
なんと、ビッグファイブの5つの性格の中でも**「誠実性」が、かなりの確率で仕事の成功に関連していたの**です。[30]**「誠実性」が高いとキャリアで成功するかどうかも、予言のように予測できる**という研究もあります。[31]

またスポーツの世界でもよくゾーン（フロー状態）に入ると言いますが、この絶好調の状態になるために関連していたのも、誠実性でした。[32]フロー状態になると集中力や身体的なパフォーマンスが高まるため、何をやってもうまくいく状態になります。つまり、ビジネスやスポーツなどあらゆる分野でうまくいきやすくなります。リラックスすることは大事ですが、どうやらいいかげんすぎると、フローに入りづらくなるようです。

ただ、**誠実性が高すぎると、緊急の決断に時間をかけすぎたり、ルールに固執してイノベーションが起きづらくなったりするデメリット**も報告されています。[33]過ぎたるは及ばざるが如し、ではないですが、何事も行き過ぎはよくなく、適度なバランスが大切ということだと思います。

また、この**誠実性という「おとなしい性格」に含まれる性格は、子どもの頃から伸ばしてあげることも大切**です。

よく欲しいものを我慢できず派手に暴れる子どもがいますが、このような子どもは自分の気持ちをコントロールする力(誠実性)が低いのです。

実はそういった子どもは、大人になってもあまり豊かな人生を過ごせない人が多いことがわかっています。

米国・デューク大学の1000人の子どもたちを30年追跡リサーチした研究からも、小さい頃のセルフコントロール力は、32歳になったときの経済状態、社会的地位に関係していることがわかりました[34]。

我慢できない子どもたちは大人になってもその傾向があり、衝動を抑えられないため、仕事もせず、ギャンブルにはまり、中には犯罪やドラッグに手を出す人さえ多かったのです。他のリサーチでも、失業、ホームレス、薬物依存や犯罪率に誠実さが関係していたそうです。[35]
忍耐強く課題に取り組んだり、衝動や欲望に負けずにコツコツ努力できる人ほど、人生がうまくいきやすいことがわかったのです。
また誠実性は、小学校低学年の算数と読字力のテストの成績まで高めるようです。中学生では、学年末の成績だけでなく、出席率、全国標準学力テストの成績にも比例することが示されています。[36] **怒りの感情をコントロールできる子どもほど、知能が高い**傾向まであるようです。[37]
これは余談ではありますが、夫婦関係のリサーチでも、誠実性が高いパートナーがいる人は年収が多くなっていたことがわかっています。[38-40] しかも、仕事への満足度も高く、結婚生活に対しても充実しており、豊かな人生だったそうです。
誠実性が高い人と付き合うと恋愛だけでなく、仕事でもうまくいきやすくなることを意味しています。自分の誠実性が高いと、チームのパフォーマンスまで高まることが期待できるのです。

よく「真面目だね」と言われるあなたは、決して揶揄《やゆ》されているのではありません。

「あなたは誠実性が高い人ですね」とほめられているのだと思えるようになったら、私自身もとても気持ちが楽になった経験があります。

「仕事が速い人」になりたければ「誠実性」を磨け

おとなしさの特徴でもある「誠実性」があると、「仕事まで速くなる」というデータも出ています。

2019年のフロリダ州立大学のリサーチで、次の5つの作業効率を高めるために、どんな性格が関係しているかが調べられました。[41]
1. 自分が体験したことをどのくらい思い出せるか（エピソード記憶）
2. どれだけ速くレスポンスできるか（スピードを要する実行機能）

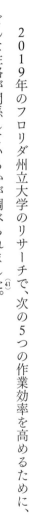

3. 空間認知力
4. 言葉を正しく使う作業
5. 数的推理力

その結果、**「誠実性」が高いと5つ全ての能力が上がることがわかった**のです。

外向性や開放性、協調性などの性格は部分的な作業の効率を高めますが、**誠実性は全ての作業効率を高める万能とも言える性格**でした。

つまり、コツコツ取り組もうとする姿勢や、動画を見たいという誘惑があったとしても自分の衝動をコントロールできる力があるほど、仕事は速くなるということです。

他のリサーチでも、**誠実性の高い人は、マルチタスクの効率を最大19％高めたり**(42)、自分を律して計画を立てたり、ゴールから逆算して計画を立てたりするのもうまく、効率的に行動する人が多いことが数々の研究で示されています。(43-44)現代の社会では、コスパやタイパが求められますが、まさに誠実さのあるおとなしい人は仕事の効率がよいことを意味しています。

「うさぎとカメ」という物語がありますが、**うさぎはまさに目立つ外向型の人**でしょう。すごいスピードで報酬を求めてゴールに向かっていきます。一方で、**カメは「おとなしい人」**です。内向型で誠実性が高いため、自分のペースで一歩ずつ確実に進んでいきます。

「おとなしい人」は地味で目立ちません。しかし、この「おとなしさ」こそが、最終的に人生のゲームを勝利に導く鍵となることが世界的にも注目されてきているのです。

外向性があっても社交的ではない人たち

ここでもう一つ「おとなしい性格」を理解するために大切なことがあります。

それは、**外向性が「外交性」とは異なる**ということです。

外向性は、あくまでも外側の報酬に敏感に反応して、大きな快感を感じるタイプです。

つまり、社会的な地位や収入、贅沢な生活など外側のものに大きな快感を感じるため、外側の快感に向かってすごいスピードで進んでいきます。外向的な人はお洒落が好きで、恋愛や情事も好きな人たちです。[45]

しかし、あなたの周りに「仕事でも恋愛でも、周りを蹴落としてのし上がっていく自己中心的な人」はいなかったでしょうか？　いくら外向的でも、協調性が低くわがままな性格の人は、周囲を振り回してばかりで人が離れていくこともあります。決して本当の意味で人と親しく交わる社交的な人とは言えません。

社交的とは、「外向性が高い＋協調性が高い」人と言えます。さらに神経症傾向が低いと、会話もポジティブで楽しいものになりやすいので、友人もできやすくなります。[46]
「内向的な性格を直したい」という人は多いですが、**内向性と外向性が含まれる「両向型の人」はその多くが高い社交性を持つ**こともわかっています。

「性格」は生まれたときと死ぬときで別人になっている

第2章の最後に、性格の研究からわかったもう一つ大切な事実について触れたいと思います。

私たちの性格は気づかないうちに、生まれてから死ぬまでに大きく変化しているということです。

これは2016年にエジンバラ大学で行われた研究結果ですが、**「14歳と77歳のときの性格は『別人』と言えるほど違う」**ということがわかってきています。[47]

この実験は、性格の研究史上、63年という最も長い研究とも言われているものです。１９５０年に当時14歳だった男女１２０８人を集めて、性格を含む６つの心理要素（「自信」「忍耐力」「情緒安定性（神経症傾向の反対）」「誠実性」「独創性（開放性）」「成功欲（学習意欲）」）に回答してもらいました。そして、これらの人を追跡して、77歳になったときに同じアンケートを行ったのです。

その結果、**63年後、多くの人は青年期と全く違う性格になっていた**ことがわかりました。


絶対にそんなことはあり得ないと思う人もいるかもしれません。

たしかに、赤ちゃんのときにたくさん泣く子もいれば、全然泣かない子もいます。1個のおもちゃでずっと遊び続けている子もいれば、すぐに飽きて、いろいろなおもちゃを試したくなる子もいます。

このような様子をみると、私たちの性格は、生まれたときからすでに決まっているようにも見えるかもしれません。

しかし、これは朝起きたら、全く違う性格になってしまう！　というものではなく、何十年という期間をかけてゆっくり変化するため、自分ではなかなかその変化に気づくことができません。

よく歳を重ねると「丸くなった」と言われる人もいれば、逆に「昔は優しかったのに、すぐカッとなるようになり、攻撃的になった」と言われる人もいます。これは実際に、私たちの性格が自分で気づかないところで変化していることを意味しているのです。


性格が急激に変化する時期もあります。それは、10歳から20歳までの青年期です。(48)この期間は、協調性と誠実性が男女ともに急激に低下しやすいことがわかっています。これはまさに**反抗期**と呼ばれる時期と一致します。中高生になると親に反抗したくなったのは、この2つの性格が変化していたからなのかもしれません。

IQなどの知能は幼少期のほうが変化しやすく、歳とともに変化しにくくなるよう

ですが、性格は死ぬまで変化し続けるようです。(49)

性格をシフトさせていく内容については第4章以降で扱っていきますが、次の章ではその前に、内向性そのものを生かして仕事やスポーツの分野で成功しやすくなる秘密についてお伝えしたいと思います。

第3章

「控えめなのに優秀な人」がやっていること

世界的な成功を収めた人たちの共通点

「成功者」というワードを耳にしたとき、あなたの脳裏にはどんなキャラクターの人物が浮かぶでしょうか。

・カリスマ性があって、多くの人を巻き込む力が高い。
・太陽のように明るい性格を持っている。
・一流ブランドのスーツを着て、高級外車に乗って、派手な生活をしている。
・とてつもない行動力があって、人との交流が大好き。

そんな外向性を持った人物を連想する人が多いかもしれません。

しかし、現代のビジネスの世界で活躍している経営者や、一流クリエイターたちをよく観察してみると、**内向性と外向性、どちらの特性も持ち合わせた「両向型」タイプ**の人が多いことに気づきます。

両向型は、内向性が共存しているため、深い思索ができる人です。人の心をぐっと掴む言葉や、多くの人がなるほどと思える名言などをよく言います。

たとえば、世界的大富豪のウォーレン・バフェット、シャネル創業者のココ・シャネル、マイクロソフト共同創業者のビル・ゲイツ、アマゾン創業者のジェフ・ベゾス、アップル共同創業者のスティーブ・ジョブズ、「ユニクロ」を世界的企業に育てた柳井正氏やソフトバンク創業者の孫正義氏、これらの世界的な経営者はみな典型的な両向型です。

彼らのスピーチをよく聞いてみると、内向的な面を持ち合わせていることがよくわかります。

たとえば、彼らはこんな言葉を残しています。

「私はこれまでずっと、人々が愚かなことをするのを見てきた。人々は宝くじが好きだ。暗号資産は、ギャンブルだ。本質的な価値はないものだが、だからといってルーレットを回したい人がいるのは止むを得ない。ルーレットを回して一生を過ごしていると、金はなくなってしまう」（ウォーレン・バフェット）
「私は贅沢が大好きです。贅沢とはお金を持っていることや、けばけばしく飾り立てることではなく、下品でないことをいうのです。下品こそ、もっとも醜い言葉です。私はこれと戦う仕事をしています」（ココ・シャネル）
「これまでで一番優れていた上司のことを想像してほしい。その人があなたを大切にし、信じていることがわかっていたからこそ、ベストを尽くしたいと思ったはずだ。社員を大切にする、そして信じていることを示す最善の方法の一つは、忍耐強くいることだ」（ビル・ゲイツ）
「今後10年で変わらないものは何か？　恐れなければならないのはライバル企業では

なく、お客様だ」（ジェフ・ベゾス）
「近くを見るから船酔いするんです。１００キロ先を見てれば景色は絶対にぶれない。ビジョンがあれば、少々の嵐にもへこたれません」（孫正義）
「先を考えて『点と点をつなげる』ことはできない。できるのは、振り返ってつなげることだけ。だからこそ、将来何らかの形で『点と点がつながる』ことを信じるしかない。勇気、運命、人生、カルマ、何でもいいので何かを信じること。道から外れてもいつか『点と点がつながる』ことを信じることが、自分の心に従う自信を与えてくれる」（スティーブ・ジョブズ）
シンプルなフレーズながら、物事の本質をついた表現で、グッと心を掴まれます。
このような深い言葉は、外向性だけが高いタイプの人からはなかなか出てきません。
物事を論理的に考え、本質的な言葉に置き換え、言語化する――というのは、内向型の得意な分野です。

特に、事業を興《おこ》し、多くの人を動かす起業家にとっては、言葉の力は必須です。その人らしいパワーのある言葉に、周りの人は引き込まれ、巻き込まれていきます。

イーロン・マスク氏のスピーチやインタビューなどを見る限り、典型的な内向型です。海外の番組のインタビューでは「自分のことを恐れ知らずだと思わない。それどころか、かなりの怖がりだと思う」とさえ語っています。(1)

口数が少なく、おとなしい子どもだったイーロンは、幼少期は周りの子どもたちにいじめられ、ずっと一人で本ばかり読んでいたそうです。一人で空想の世界に入ることも多かったそうで、当時のその経験が、今のサービス開発にもつながっているようです。

イーロンにかぎらず、コンピュータービジネス系の方は、おおむね内向性を持っている人が多いように思います。

フェイスブック創業者のマーク・ザッカーバーグ、Google創業者のラリー・ペイジとセルゲイ・ブリン、ネットフリックスで億万長者となったリード・ヘイスティングス……。彼らはみんな、類稀なる集中力で何時間も考え続け、もくもくと開発を続けてきました。一人に強い内向型の気質がなければ、なかなか難しい作業です。

内向性は社会的に望ましくないと思われがちですが、知能や天才性にも関係していて、学ぶことが好きな傾向もわかっています。(2)

将棋界で前人未到の8冠のタイトルを最年少で獲得した藤井聡太さんは、決して外向的な人ではありません。しかし深い内側への思索を追究することで、その天才性を発揮した有名な方です。

いい意味でも悪い意味でも、深く考えるのが内向型の特徴です。「深く考えること」それ自体には、なんら問題はありません。ただ、脳のメカニズム的に、内向型の人が「神経症傾向」を持ってしまうと、大変なことになります。「深く考える」という特性を、ネガティブ思考へと使ってしまうのです。

一方、「深く考える」特性をうまく利用して、仕事に役立てているのが「両向型」

です。強すぎる神経症傾向を克服できれば、社会をよりよくするためにその力を有効に使うことができます。またそんな人は人目を引き、ともすれば、周囲からは明るく外向的な人に見えることがあるでしょう。

「あの人はいつも明るくて、カリスマ性があって、仕事もできて、すごいなあ」とあなたが憧れている人は、両向型タイプなのかもしれないのです。

リーダーシップは従業員で決まる

そうはいっても、内向型がもっとも苦手に感じやすいのが、リーダーとしての仕事をまかされたときです。人を動かすよりも、自分一人で仕事をしたほうが速くて楽だと思ってしまう傾向があるからです。

実際に内向型は、世の中的にもリーダーシップを発揮できないというふうに思われています。

米国の2015年の研究では、企業のマネージャー層の内向型の割合は、なんとわずか4％という結果が出ました。(3) すなわち、**管理職の96％は外向型**ということになります。

ぐいぐい周りを引っ張っていく外向型リーダーのほうが、かつてはよく目立っていたのでしょう。外向型は、よく話し、明るく、会議でも注目を集めやすく、優れたコミュニケーターやリーダーになりやすいことがわかっています。(4-5) 研究者たちのなかにも、「よいリーダーとは外向型である」という先入観のようなものがあり、内向型リーダーの成果は見過ごされてきた歴史があります。(6)

これらの過去の事実だけを見ればたしかに、外向型のほうがリーダーに向いているように思えるかもしれません。

ところが、近年、意外な事実が判明しました。

「外向型と内向型、どちらがリーダーに向いているかは『従業員のタイプ』で決まる」

というのです。(7)

具体的には、次のような結果でした。
・受け身な従業員が多い　↓　外向的なリーダーが優位
・積極的な従業員が多い　↓　内向的なリーダーが優位
上司の命令に従う、いわゆる軍隊的・トップダウン式組織の場合は、外向型リーダーのほうがうまくいきます。

他方、積極性に溢れ、自発的に動くのが得意な従業員が多い場合は、実は、あれこれ指図するよりも、内向型のリーダーのほうが望ましい。そんな明確な違いが明らかになったのです。

内向型は、後ろから人をサポートするのが得意です。自分が前に出て、みんなをぐいぐい引っ張っていくよりも、仕事を各々に任せ、その人の能力を引き出すほうが適しています。

今、世界的なリーダーシップの研究でも注目されている「**サーヴァント・リーダーシップ（従属する奉仕型のリーダーシップ）**」と共通するものです[8]。

サーヴァント・リーダーシップとは、上から下に命令するトップダウン形式のリーダーシップとは異なり、従業員に必要なものをリーダーが提供して、メンバーの意欲を引き出していくボトムアップ型のリーダーシップです。

最近は若い人が会社をすぐにやめることがよくニュースでも取り上げられます。価値観が多様化した現代では、無理に価値観を押し付ける従来のトップダウン式のリーダーシップは、若い人の価値観の自由が奪われるため、やる気が下がってしまうからです。

自分が前に立ってどんどん行動するのが得意な外向型は、トップダウン形式のリーダーシップが得意です。しかし、意欲があって自分で考えることが好きな積極的な従業員は、その環境に違和感を感じ、チームや組織全体の士気も下がってしまいます。

一方で、**前に出るのが好きではない内向型は、周りが活躍できるように後ろから支援**

するほうが得意です。

人の心に響く言葉を言える内向型は、チームメンバーのやる気をさりげなく鼓舞する役割が向いています。**一つのことを深く極めようとする内向型はビジネスからスポーツ、芸術でも第一線のプレーヤーや職人として活躍できますが、チームの場合はどちらかというと後方から支援する監督やプロデューサーのような立ち位置のほうが本来の力を発揮しやすい**と言えます。

アジアのことわざに、「小心な人が豪快な人を砕く」という言葉がありますが、まさに、積極的なチームを導くのはおとなしい人の強みなのかもしれません。

もちろん、内向型が無理にリーダーになる必要はありませんが、内向型がリーダーになってもうまくいく可能性は多分にあるということです。

これに**外向性が備わった、両向型の人になれば、受け身のメンバーにも積極的なメンバーにもより大きな影響を与えられるため、素晴らしいリーダーシップを発揮できる**でしょう。

職場の環境によっても、うまくいきやすい性格は変わる

これは余談ですが、リーダーシップと同じように、特定の分野でうまくいくためには、その分野ごとに成功に必要な性格が異なるようです。
実際に、8458人を対象にしたリサーチでも、「協調性」が求められる仕事では「協調性」がある人はより収入が高い傾向にありました。しかし、「開放性」が求められる職種では「協調性」よりも「開放性」のスコアが高いほうがより年収が多い傾向にあったのです。[9]
研究職や職人のように周りに合わせるよりも独自性の高い仕事を求められる職場では、人に合わせすぎる人（協調性が高すぎる人）はうまくいかないということを意味しています。**人は自分に合った場所にいることで、はじめて花開く**ということなのかもしれません。[10-11]

脳は価値観よりも行動を重視する

一方で、内向性が高い人がリーダーとなったときに避けたほうがよい場面もあります。それは緊急性を要する場面です。そこでは外向型リーダーに軍配が上がります。[12]
たとえば、災害時の避難指示を出さなくてはならない、会社が倒産の危機にある——など、緊急の即断的な対応が必要な場合は、外向型リーダーが力を発揮します。落ち着いていて、もの静かな内向型が話すよりも、熱意をもって緊急度の高さを訴えかけたほうが、大勢の人を動かしやすいのでしょう。
とはいえ、内向的な人が陣頭指揮をとって、緊急トラブルの対処をしなければならない場面もあります。
そんなときは、必要に応じて**「外向的なふるまい」をすることで、外向型リーダーと同程度の効果が発揮できる**、というクイーンズランド大学の研究結果もあります。[13]

大きな声を出したり、身ぶり手ぶりをいつもとは変えてみたりと、一時的に「外向型」の仮面をつけて、それらしい態度をとるだけでも、周囲に影響を与えられるそうです。**私たちの脳はリーダーを感じるために、メンタルよりもその人の行動を重視する傾向があります。**そのため、「有言実行」がリーダーシップに最も有効な方法の一つと言えるでしょう。[14]

静かなリーダーが直面する壁

孤独に強く、部下に考えさせるのがうまい内向型リーダーですが、外向型リーダーが多い中で、もちろんストレスを感じる場面もあります。
フロリダ・アトランティック大学でリーダーシップを研究するローズ・O・シャーマン教授は、内向的な人がリーダーになったときのエピソードをこう伝えています。[15]
あるスタッフが、組織のマネージャー職に昇進しました。最初は不安でしたが、新しい環境に慣れてくると楽しく、メンバーと一緒に働けることに喜びを感じていました。

しかし、ある日突然、上司に呼び出され、こんな言葉を伝えられたのです。

「君は社会性が十分じゃない。毎日カフェに行って、チームメンバーとランチをとるように」

この言葉を聞いて、そのマネージャーはかなりショックを受けたそうです。なぜなら、自分は一人で食事をするのが大好きで、仕事の合間に唯一リラックスできる大切な時間だったからです。

物静かで、一人を好む、そんな自分が本当にリーダーに向いているのか、改めて考えさせられたという話です。内向的な人は、外向的な人が思い描く理想の世界で生きているため、周りと比較すると自分には仕事が向いていないと感じてしまうことがあります。しかし、内向性がある人は、決してリーダーに向いていない訳ではありません。

内向的な人は深く考え、具体的に話す。そして、外向的な人より相手の話を聞き、浅い部分ではなく深い部分に目を向けます。中心にいることには関心がなく、穏やかさを通して人にリラックスを与えることができます。

米国の研究でも、**内向性があるリーダーは会社のプロジェクトが計画段階にあるときに力を発揮する**という報告もあります。[16]全体を広く俯瞰して方向性を深く考える能力が高いと言えるでしょう。

あまり表には出ようとはしませんが、内向型の人は孤独感に強く、リスクやマネージングの問題に対してより創造的で注意深い一面があるため、後方で支援するようなスタイルだと内向性を生かせて、より成功しやすくなるのです。

地球上には太古の昔から「長老」という形のリーダーが存在しました。落ち着きがあり全体を俯瞰《ふかん》して言葉をかけ、人を動かすその姿はまさに内向型がとるべきリーダーシップの姿なのかもしれません。

「おとなしい人」でも部下を動かす3つのしくみ

私はこれまで、ビジネスからスポーツまでこのような内向性を持つリーダーを研究してきました。

日本でもＷＢＣで日本を優勝に導いた栗山英樹前監督や、星野リゾートを世界に展開している星野佳路《よしはる》氏、他にも世界的なファッションブランドの創設者から女性経営者まで。このような人は深い思考をすることで本質を見出すのがうまく、人を動かすしくみを経験的に理解しています。

今回はその中から比較的シンプルで実践しやすい、うまくいく人たちの習慣を紹介したいと思います。

【しくみ①】リフレクティブ・リスニング

「いざ相手と会話しようとしても、盛り上がらない」

以前、内向性が高いリーダーの方から、そんな相談をもらったことがあります。

内向型の人は、前頭前野が発達しており、論理的思考が習慣化しているため、基本的に目的のない行動が苦手です。同僚と親睦を深めるために雑談しようとしても、時間の無駄のように思えてしまうことがあります。「中身のある話をしよう」と気負いすぎて、「どうしてその問題が起きたの？」「それで、原因は？」と聞いてしまい、相手が引いてしまって、逆に会話が弾まないという場合もあります。

そこで、うまくいく内向型リーダーがよく行っているのが、「**リフレクティブ・リスニング**」という方法です。[17]

これは「反射的傾聴法」とも呼ばれ、学術的にも効果が立証されている傾聴の技術です。といっても、難しく考える必要はありません。ルールはシンプルで、**「相手が言ったことをそのまま反射して返す」**というだけです。
たとえば、取引先の商談で、初対面の人に挨拶する場面があったとします。
自分：田中さんは、どうして今の仕事を？
顧客：もともと、人と話すのが好きだったので。営業が向いているかなと思ったんです。
自分：**人と話すのが好きなんですね。**どうして好きなんですか？
顧客：うーん、どうしてでしょう。人と話すことで、新しいことを教えてもらえたり、刺激をもらえたりするからかな。
自分：なるほど。**新しい知識を学ぶのがお好きなんですね。**
顧客：そうそう、そうなんです。
このように、相手が言ったことを反復する。これだけです。

そのくらいのことで会話がスムーズになる？　と思うかもしれませんが、ぜひ、騙されたと思って一度試してみてください。実は私自身も、以前は会話を真面目にしすぎて盛り上がらなかったのですが、この「リフレクティブ・リスニング」を取り入れただけで、盛り上がるようになりました。

小さな違いですが、これだけで相手の脳に快感を与える効果があります。

海外の研究でも、**私たちは会話の中で自分について話をすると、脳の中の報酬系が活性化する**ことがわかっています。[18]人間は、自分自身に一番関心があります。集合写真を見るとき、真っ先に自分を見てしまいますが、脳は自分のことが大好きなのです。

リフレクティブ・リスニングで相手に言葉を返すと、相手が「自分のことを話してくれている」と感じて快感を感じやすくなり「私のことを理解してくれている」という安心感まで得られます。

さらに「〇〇なんですね」とワンクッション挟むことで、会話に余白が生まれ、次の質問がくるまでに考える時間もできるため、相手もリラックスして話すことができます。

反対に、反復せず、尋問のようにずっと質問を続けられると、相手は快感を得にくく、自分のことを理解されずに話だけがどんどん進んでいく印象を受けます。この人と話すとなぜか不快に感じる人がいるとしたら、その原因の一つは会話中に相手の反復がないことなのかもしれません。

【しくみ②】ピグマリオン・クエスチョンを利用する

「指示を出すのが苦手」というのも、多くの内向型リーダーが直面する問題です。
管理職という立場になった以上、他のチームメンバーを動かし、協力してもらわないことには、成果は出ません。部下に頼み事をしづらく、仕事を自分で背負い込んでしまう人も多いと聞きます。

ちなみに、あなたがこんな部下を持ったら、どうするでしょうか？

言われたことしかやらない新人社員。細かいこと全てに指示を出さないと動いてくれません。職場に課題があることも自主的に考えません。

そんな部下に「自分で考えて動けるようになってほしい」というメッセージを伝えたいとします。

そのとき、あなたなら、どんな言葉をかけるでしょうか？

内向型の人ほど、どんな言葉をかけるか困ってしまうかもしれませんが、研究からわかってきた有効な方法は、普段の何気ない会話の中でこんな言葉をかけることでした。


「あなたは言われなくてもやる人だと思いますか？」

いきなり言われると驚くかもしれませんが、この言葉を仕事以外の場面で何気なくかけてみるのです。ちなみにあなたが、日常会話の中でさらっとこの質問をされると、どんな感じがするでしょうか？

「はい」「いいえ」どちらで答えてもいいのですが、私たちは2つの選択肢があったとき、よりよい選択肢や、自分がそうなりたいと思う選択肢を選ぼうとする傾向があります。「もちろん、シチュエーションによっては言われなくてもやりますよ」と答えるかもしれません。

その場合は、「じゃあ、どんなときに言われなくてもやる?」と聞いてみると、脳内に「言われなくてもやっている自分」が自然と想像されます。すると、脳は自分でイメージした通りになろうとするのです。

実際にショッピングモールでアンケートをお願いする実験でも、「少しお時間よろしいでしょうか?」と声をかけたグループと、「あなたは人に協力的ですか?」と声をかけたグループで、どのくらいアンケートに協力してくれるかというリサーチがあります。(19)

「少しお時間よろしいですか?」と聞いたグループは協力してくれたのが29%でしたが、「あなたは人に協力的ですか?」と問いかけたグループでは、なんと77%の人が協力してくれたそうです。**問いかけるだけで、約2・7倍も実際に行動してくれたの**

です。
問いかけることで相手がそうなろうとする質問法を、私は「**ピグマリオン・クエスチョン**」と呼んでいます。
ピグマリオン効果とは、期待をかけるとその通りになるという心理現象ですが、次の項目で伝えるとおり、期待をかけることは人によっては命令にも感じられる人がいるため、逆効果になる場合もあります。[20]
そこで効果的なのが、命令ではなく相手に問いかけるこの「ピグマリオン・クエスチョン」です。**脳は質問されるのが大好きで、問いかけられると答えようとするため、自然に自分でどうなりたいかを決めてくれる**のです。

【しくみ③】
「期待」と「やる気」は釣り鐘のような関係

仕事であれ、教育であれ、子育てであれ、人を動かす立場になったときに絶対にやってはいけないことがあります。

それは、むやみに「期待しているよ」と伝えたり、やたらと能力をほめたりすることです。


スタンフォード大学の研究でも、パズルが解けたときに「すごい。優秀だね！」とほめると、難しいことにチャレンジしなくなる傾向があることがわかっています。[21]なぜなら、もし次に難しいことにチャレンジして失敗したら、それは「優秀」でなくなるからです。「優秀さ」を保持するために、失敗しない簡単な課題ばかりをやるようになるのです。

能力をほめるのではなく、努力をほめると「難しい問題」にチャレンジする率が高まることもわかっています。

相手を評価するときは、能力をほめるのではなく、「努力」をほめてあげることが大切です。これは動物も同じで、努力したときに報酬をあげると、その努力をもっとするようになります。脳科学的には、線条体と呼ばれる脳の報酬系が活性化するため、その特定の行動を促進することができます。

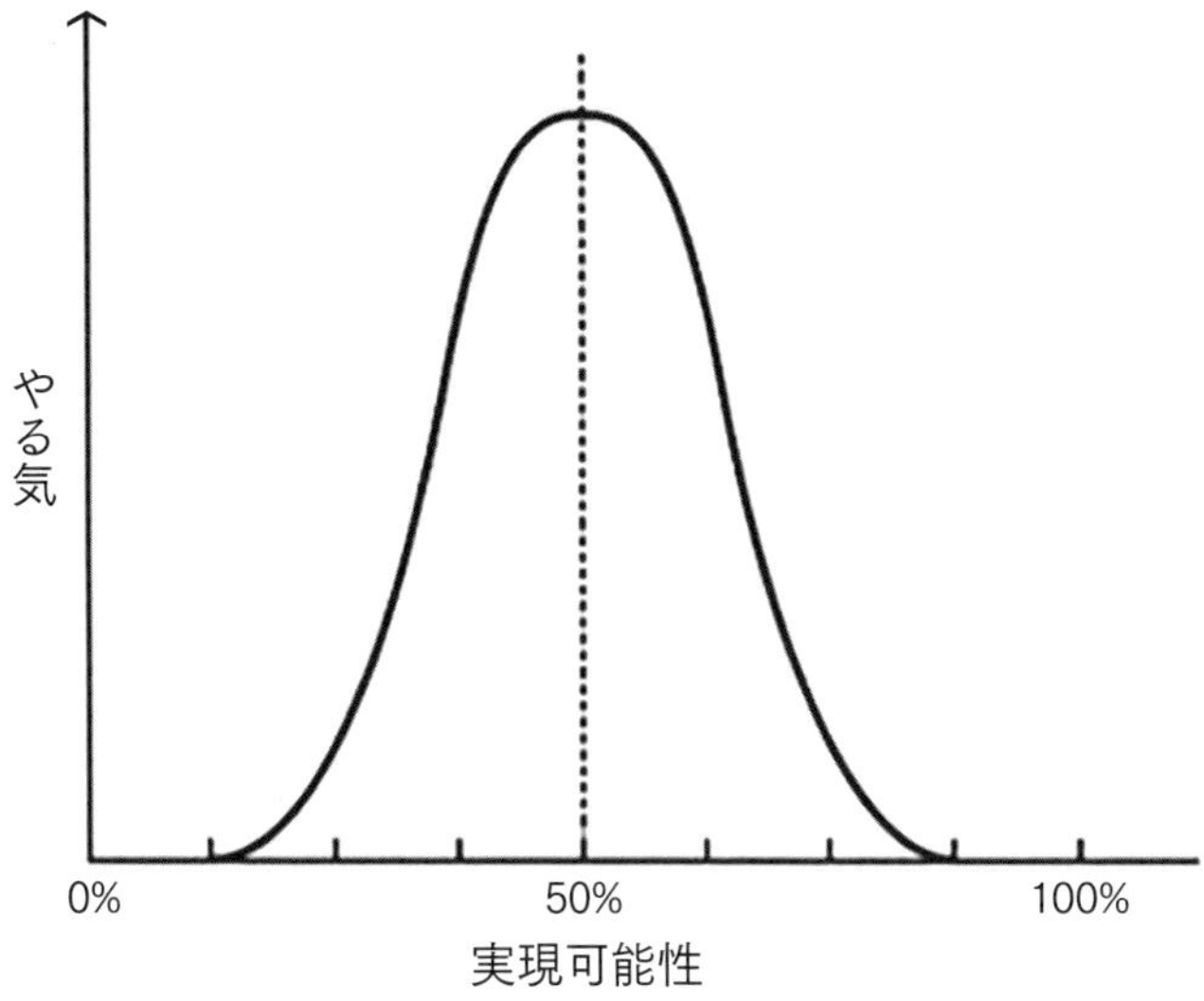

また、モチベーション理論で有名な米国の心理学者ジョン・アトキンソン教授の研究では、こんなこともわかっています。[22]
「期待」と「やる気」は釣り鐘のような関係で、実現可能性が0％でも100％でもなく、ちょうど50％くらいだと、もっともやる気が出やすいことです。
簡単にできることや、絶対に不可能なことを「君ならできる！　期待しているよ！」と言われても、やる気はまず出ません。
たとえば、「君なら、東京タワーに必ず登れるよ！　大丈夫！」と励まされても、大きなやる気が出ることはないでしょう。努力しなくても簡単にできることは、意欲が湧かない傾向があります。

一方で「あなたは標高約1万メートルのエベレスト山頂に登れる！　がんばれ！」と言われても、やる気は出ません。登山家や冒険家ならまだしも、一般人にはあまりに無謀でゴールが大きすぎるため、「そんなことできません……」と言いたくなってしまうでしょう。


ですから、人のやる気を引き出すためには、実現可能性が50％前後のところを期待してあげるとよいと言えます。私が現場での数多くの経験を通して感じたのは、**その人が実現できる60～70％くらいの確率のところを期待してあげると、さらに効果が高い傾向がある**ということでした（もちろん個人差はあります。その人が燃えるラインを探ることも大切です）。

自分だけではギリギリだけど、周りがサポートすることで実現できる、そのような部分を期待してあげると本人のやる気は高まりやすくなります。

スポーツの世界でも、簡単にできることではゾーンに入りにくくなります。自分の能力を少し超えたところにゴールを設定してあげると、脳がよい状態に入りやすくなるのです。

そのためにも、**相手の能力や状態を理解してあげることが大切です**。相手の話を聞いてあげることが基本になるでしょう。

まさにこれは、内向型が得意とするところです。これこそ、内向型リーダーが行っているサーヴァント・リーダーシップのやり方の一つなのです。

性格はカメレオンのように変化する

繰り返しになりますが、私は、内向型の人が自分の強みを活かしつつ、かつ、この社会で居心地良く暮らしていくためには、「両向型」を目指すのがもっともよい解決策だと考えています。

私も、昔はかなりの「内向型」だと思っていましたが、いろいろな経験をへて今では「両向型」と言えるまでになりました。

常に両向型というよりも、場面によって性格がシフトするような印象です。たとえば、講演やテレビ・ラジオなどで話をするときは「外向型」傾向になりますし、研究で分析をしたり、論文を読むときは「内向型」になっていることに気づきます。ときと場合によってその割合が変化しているのです。

また、細かいところとしては、普段人と話すときは、内向：外向＝50：50くらいですが、相手の悩みを解決するときは、内向：外向＝70：30くらいになっていることもあります。

このように、必要に応じて性格を柔軟にシフトできると、いつでも自然体でいられますし、仕事でもうまくいきやすくなります。実際に**「外向性」と「内向性」は固定されているものではなく、自在に変化するもの**ということもわかっています。[15]
内向性が強い人でも、親友と一緒にいるときは話が盛り上がり、外向性が高くなっていることはないでしょうか。反対に、一人で読書に没頭しているときは、内向性が

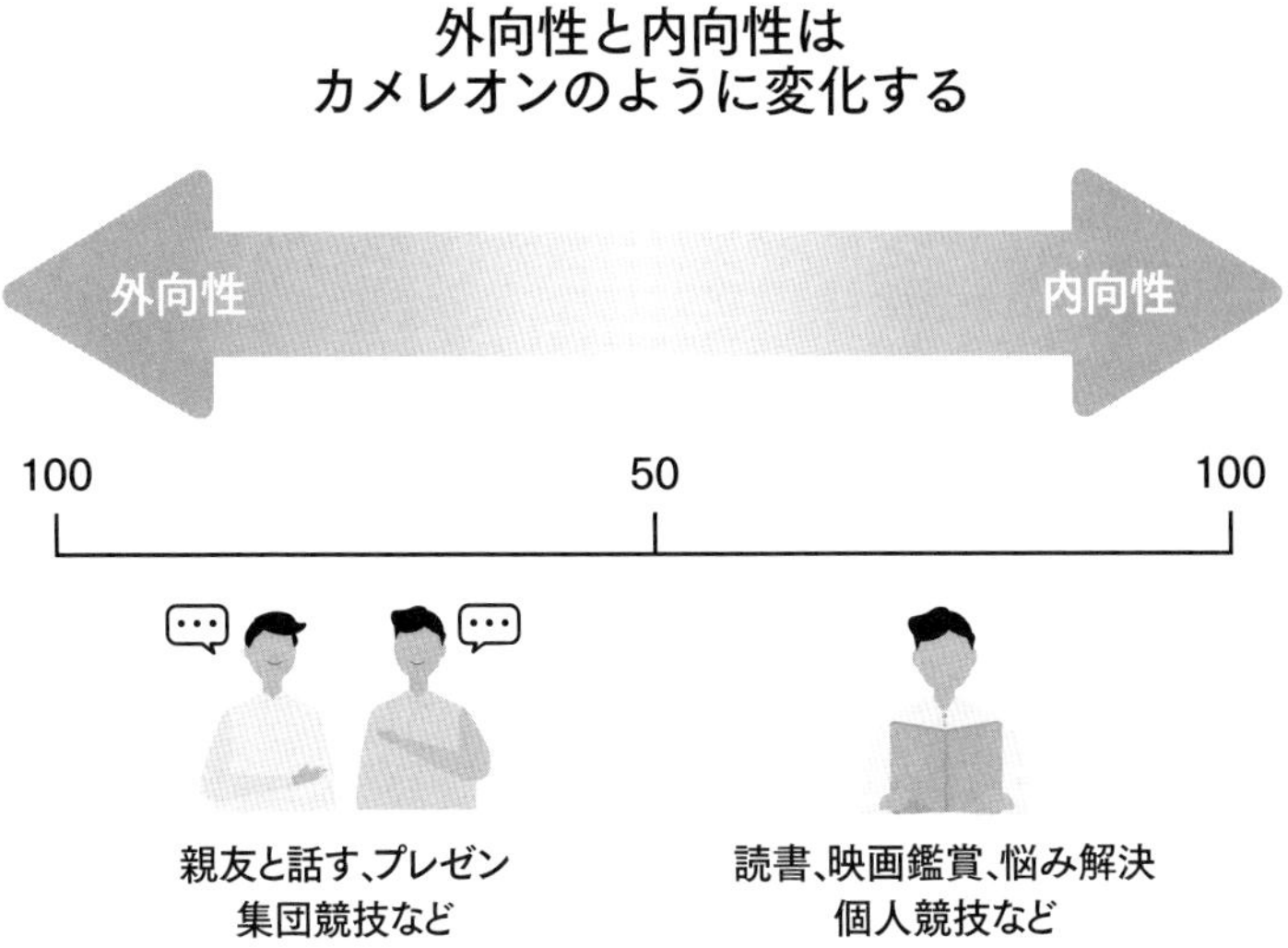

高くなっていることがあります。
スポーツをしていても、水泳や陸上、ゴルフなどの個人競技をしているときは「内向性」、野球、アメフトなどチーム全体を考えて競技をしているときは「外向性」となるときもあるでしょう。
誰しも、性格はいつも固定されているわけではなく、内向性の度合いの強さ・弱さも、グラデーションのように変化しているのです。

あなたの持つ本来の気質を無理に変える必要はありません。
外向的な人と内向的な人の行動に関する2万にも及ぶ文献を解析したリサーチで

は、外向的な人と内向的な人では重複する行動が多く見られ、外向的な人は内向的な人よりも5〜10％ほど、頻繁に中程度の外向的な行動をするということも報告されています。[23]
つまり、**外向的な人も内向的な人も根本的に全く異なる人ではなく、内向性と外向性を行き来している**ということなのです。

第 4 章

「恐怖学習」と「快感学習」が性格を作る

占星術を信じるだけで性格が変わる

「性格」は人生のありとあらゆる場面に影響を及ぼします。

「自分は不安系内向型だった」「誠実性がないのでうまくいかない」と、焦る気持ちになる人もいるかもしれませんが、安心してください。性格というものは、実は意外なほど簡単に変わってしまうものです。意図的にシフトすることもできます。

これはイギリスの実験ですが、占星術を信じている2000名以上を調べた結果、星座通りの性格の人が多かったそうです。しかし、占星術を知らない子どもたち1000名を調べた結果、性格と占星術にはほとんど相関が見られませんでした[1]。

つまり、「さそり座の人は情熱的な恋愛をする」「おひつじ座の人はおとなしい」というような言葉を信じると、実際に性格が変化してしまうことを意味しています（専門用語では信念バイアスとも言われます）。

多くの人は驚くかもしれませんが、性格は生まれつきのものではなく、後天的に変化することがわかってきているのです。

では、なぜこんなことが起きるのでしょうか。

「生まれ」と「育ち」の真実

「性格は生まれつき遺伝で決まっていて変わらない」

私も講演会で多くの人に出会ってきましたが、そのように思っている人が多いようです。

しかし、私たちのパーソナリティは大きく2つの要素からなっています。

それが「気質」と「性格」の2つの部分です。[2]

「気質」とは、遺伝子によって生まれたときから決まっている先天的なパーソナリテ

パーソナリティの２つの要素

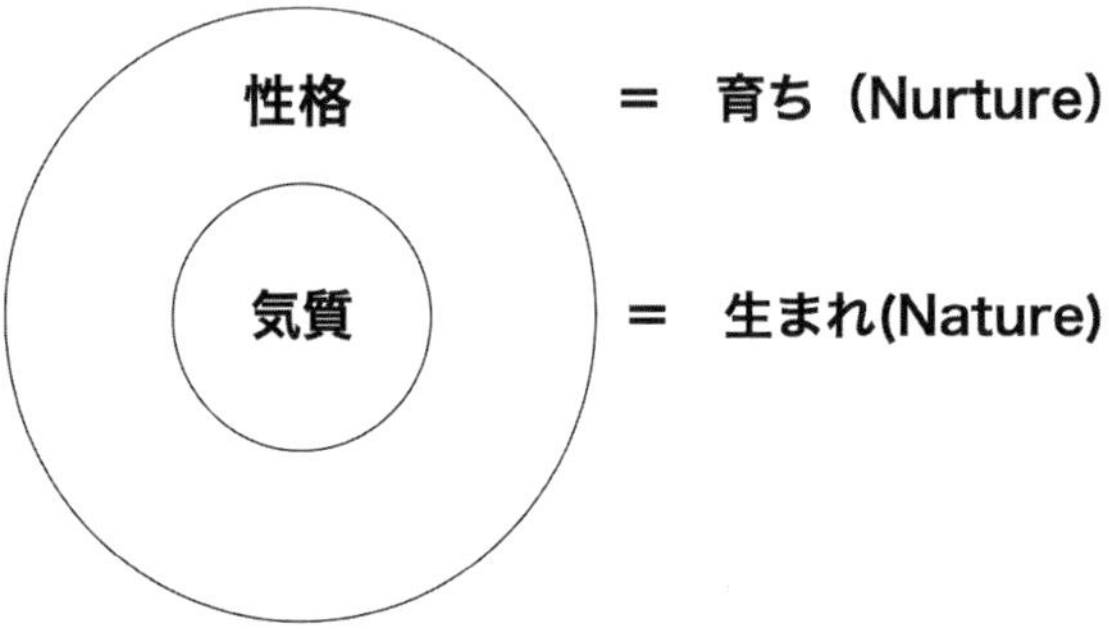

ィです。イライラしやすい、喜びを感じやすい、新しいことに興味を持ちやすい、人が好きなど、これらは生まれつきドーパミンやセロトニンなど脳内の神経伝達物質の量によってある程度決まっています。[3-4]
「性格」（キャラクター）とは、生まれてからの後天的な体験や出来事によってつくられるパーソナリティです。
遺伝子が同じ一卵性双生児の研究でも、大人になるにつれて性格や好みが異なってくる現象があります。これはまさに後天的な体験や環境の違いで、後天的に性格がつくられているからです。行動遺伝学の研究でも、私たちのパーソナリティは全体の約40～50％が遺伝的な影響であることが示さ

れています。(5-6)
米国ワシントン大学セントルイスのロバート・クロニンジャー博士は、この「気質」と「性格」の2つの要素が私たちのパーソナリティの不可欠な要素であることを提唱しており、「TCI理論」（Temperament and Character Inventory）として世界の数多くの研究者に支持されています。(7)
先天的な「気質」は遺伝子で決まっていて変えることができません。しかし、後天的な「性格」はいくらでも成長させることができるのです。(8)
英語ではよく「Nature」（生まれ）と「Nurture」（育ち）と言われますが、人の性格は育ちによっても大きく変化していきます。(9)

性格の正体は「痛み」と「快感」の記憶である

それでは、どのようにして後天的な性格がつくられていくのでしょうか。

それを紐解くために必要なのが、脳の2大性質です。

ズバリ**「快感学習」と「恐怖学習」**と呼ばれるものです[10]。

「快感学習」とは、体験した出来事を「快感」として記憶する脳の学習です。たとえば、あなたが訪れた新しいレストランで、珍しい魚が出されたとします。その魚がとてもおいしかったら、それは「快感」として脳に記憶されます。これがいわゆる「快感学習」です[11-13]。

ところが、逆にその魚を食べて、お腹をこわしたとします。すると今度は、「もうこんな魚なんて絶対に食べない」と、脳は「恐怖（痛み）」として認識してしまうのです。これが「恐怖学習」です[14]。

私たちは、一度食べて痛い目にあったことを忘れてしまったら、命の危険にさらされてしまいます。一方で、美味しいものを忘れてしまったら、また一から美味しい食べ物を時間をかけて探さなくてはいけません。

私たちの脳は人類が生まれた時代からずっと生存していくために、「ここには行かないほうがよい」「この部族と付き合うとメリットが大きい」などを常に学習して、行動を効率化させています。実はこの「恐怖学習」と「快感学習」が、後天的な性格をつくっていることが研究でわかってきています。[15]

外向型がポジティブ思考になりやすい理由

このことを理解するために、一つ想像してもらいたいことがあります。
あなたは、勇気を持って新しいことにチャレンジしてみました。そして、いざやってみたら、思いがけず「大成功」しました。とても大きな喜びを感じます。
次も新しいことにチャレンジしてみたら、再びうまくいってお金まで入ってきました。自信がついたあなたは、さらに新しいことをやってみますが、やればやるほど成功して喜びを感じます。
すると、あなたは「新しいことにチャレンジすること」をどのように感じるでしょうか？

このとき多くの人が**「新しいことにチャレンジすること」**＝**「よいこと」**だと脳の中で結びつくため、「チャレンジは楽しい！」と感じます。
これが「快感学習」です。脳の中で「新しいことにチャレンジ」＝「快感」という学習が起きるため、新しいことにチャレンジすることが好きな性格だと思えるようになるのです。

実際はもっと複雑なメカニズムになりますが、簡単に説明すると、**嬉しい出来事や体験をしたとき、脳の中で報酬系と呼ばれる「腹側被蓋野《ふくそくひがいや》」と「側坐核《そくざかく》」という場所**

「快感学習」のしくみ

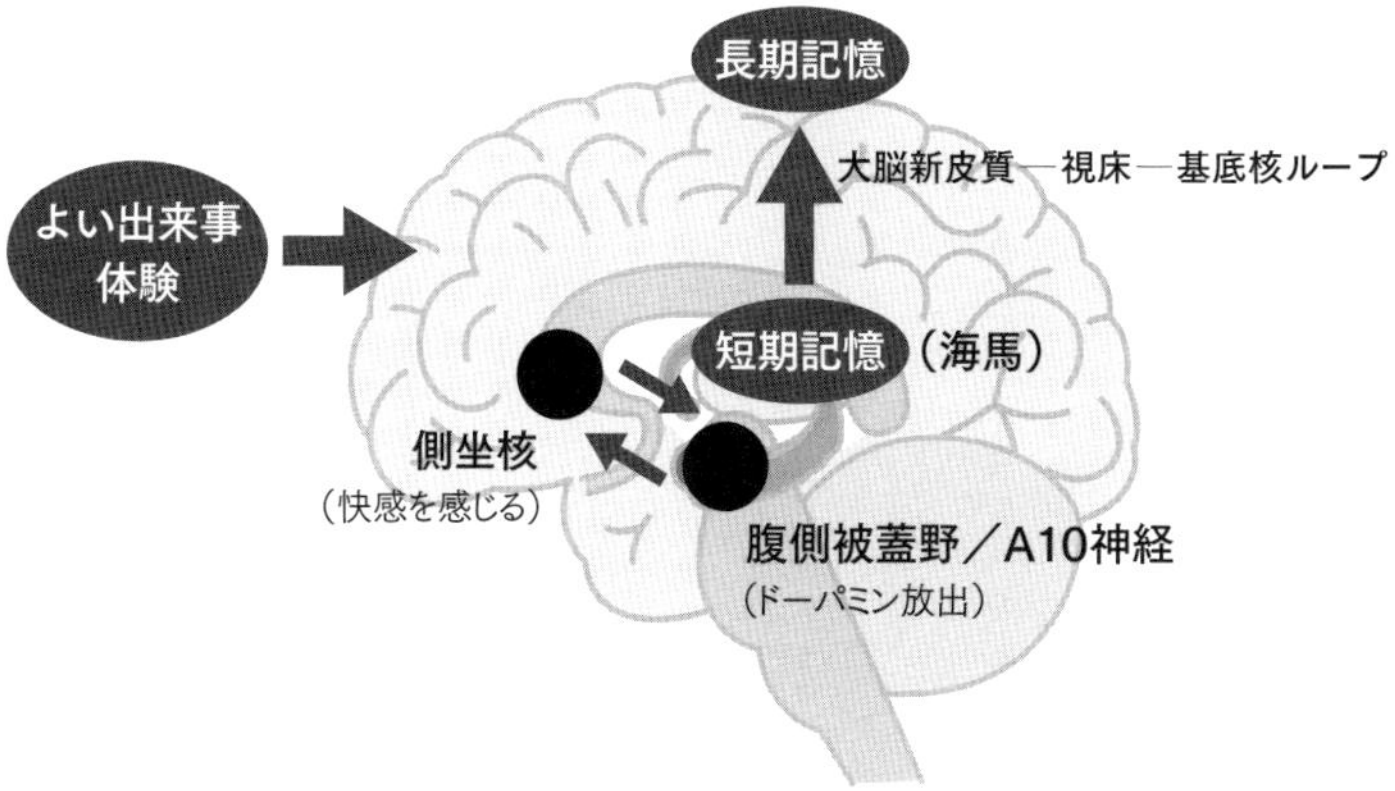

が活性化します。人にほめられたり、お金をもらったり、何かいいことがあると発火する場所です。[10-11]
自分の行動がうまくいったら大きな「快感」を感じるため、記憶の中枢の海馬も活性化しやすく、最終的に「大脳新皮質」の「長期記憶」に快感の記憶が蓄積されやすくなります。
これが「快感学習」のしくみです。
この「快感学習」の恩恵を最も大きく受けているのが、外向型の人たちと言われています。

第2章でも伝えた通り、**外向型は脳の報酬系が活性化しやすいため、小さな出来事でも快感を感じやすく、快感学習をしやすい**ことがわかってきています。

たとえば「人前で話したら、ほめられる」と、「人前で話す＝楽しい！」という快感が内向型よりも大きく感じられるため、もっと人前で話したくなる性格になります。「また楽しいことがあるかも」と、もっと積極的な行動をしたくなっていきます。

しかも、外向型は内向型ほど恐怖学習をしにくいと考えられています。なぜなら、深く考えないため、嫌なことが起きても扁桃体があまり活性化しないからです。[15]

外向型＝快感学習が多い＋恐怖学習が少ない↓前向きな性格になりやすい

こういったしくみで、外向型の人は一般的に明るい性格がより強化されていきます。

マイナス思考の本当の原因

一方、内向型の人だけでなく一般的に恐怖学習をしているとき、脳の中では、何が起きているのでしょうか。

不都合なこと、いやなこと、ひどいことを言われた——そういうことが起こると、脳にある「扁桃体」という場所が発火します[16]。扁桃体は、別名「情動の中枢」とも呼ばれ、不安・恐怖・悲しみ・怒り・イライラなど、マイナスの感情を司る大切な部分です。

この扁桃体からのイヤな気持ちが大きいほど、その刺激が海馬に伝わり、長期記憶に保存されます。何度もイヤな気持ちを感じることでも海馬が活性化するため、より長期記憶へと移行していきます。

たとえば大勢の人の前で、スピーチをしたとします。がんばって準備したのに失敗

「恐怖学習」のしくみ

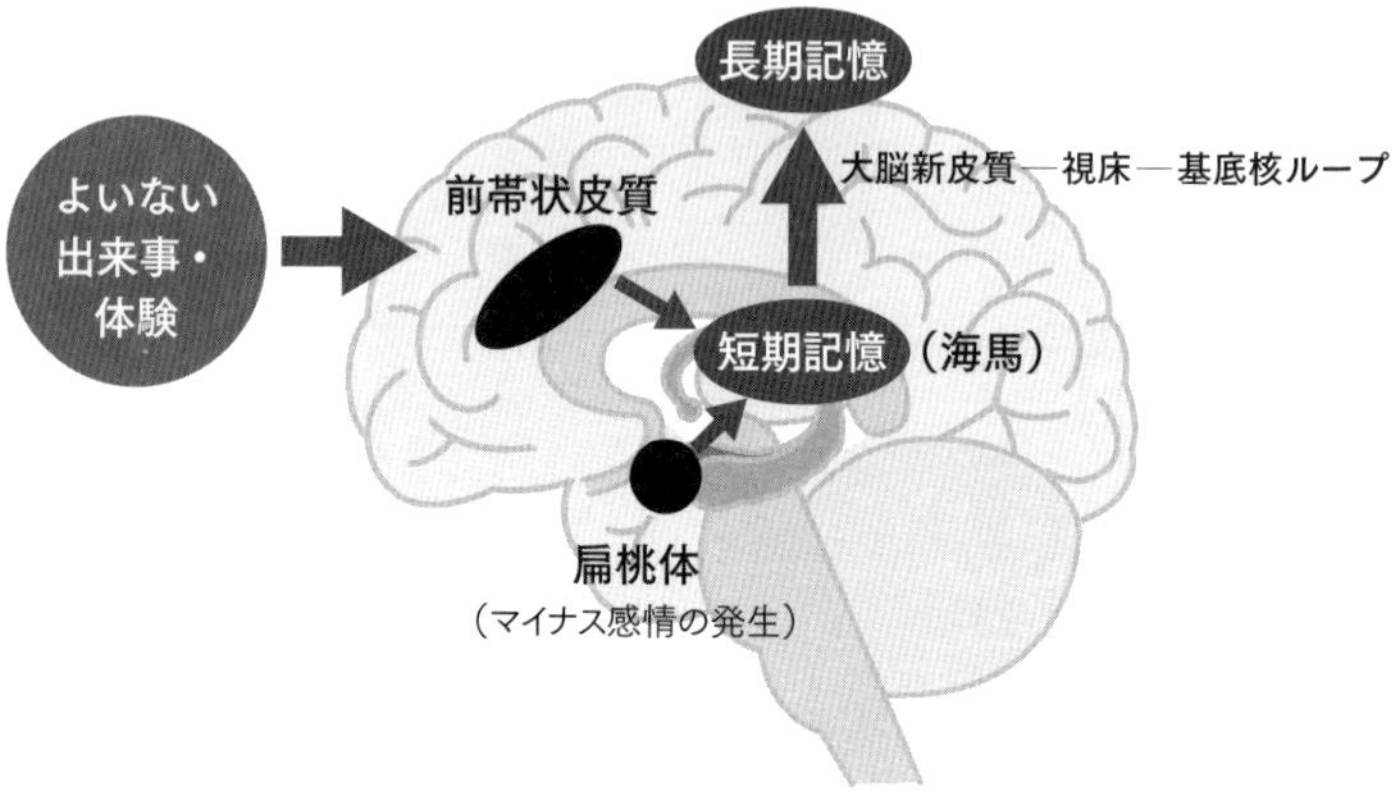

して恥ずかしい思いをしました。笑われたり、バカにされたりする。そんな経験があると、**「大勢の人の前で話す＝怖い！」と脳は学習して、「大勢の前で話すのが怖い」＝「自分の性格」というパターンができあがります。**
すると、人の前に立つだけで緊張するようになったり、不安や恥ずかしさを感じたり……そういったことが自分の一部になっていくのです。

スポーツ用語で「イップス」と言われるものがありますが、これも恐怖学習の一種です。テニスの試合中、大事な場面でサーブを失敗した。そのときの恐怖心や緊張で、大事な場面でラケットを振れなくなったりする選手は多くいます。

誰しもそれぞれ、何らかの苦手意識を持っています。

たとえば、仕事でうまくいっても、恋愛がうまくいかない。特定の作業や教科だけに苦手意識がある。あるタイプの人が苦手だったり、特定のシチュエーションや場所だけがなぜか苦手ということもあるかもしれません。**どんな人でも、うまくいく分野とうまくいかない分野がありますが、ほぼ確実なのは、うまくいかない分野ほど、苦手意識が多い**ということです。

もちろん、人によっては、生まれつき苦手なものもありますが、私がこれまで２万人以上の人を見てきた限りだと、こうした**「苦手意識」の約９割以上は、後天的な脳の恐怖学習から生まれたものだった**ことがわかっています。

研究していてもう一つ気づいたことがあります。

これは苦手意識を多く持つ人に共通していたことだったのですが、ある共通点を見つけたのです。

それは、**神経症傾向を持つほど恐怖学習を体験しやすく、痛みの記憶が多くなる**ということでした。

絵を見るだけで ネガティブな度合いがわかる

神経症傾向とは、前述した5大性格ビッグファイブの中の一つの性格特性で、内向型とは全く異なるものです。
神経症傾向が強い人は、脳の恐怖学習の中枢とも言われる扁桃体が活性化しやすいため、少しの恐怖がとても大きな恐怖に感じられてしまい、恐怖学習で苦手意識をつくりやすいことがわかっています。[16]
神経症傾向は、マイナスに反応しやすい性質のため、脳科学の世界ではこれは「ネガティビティ・バイアス」というふうにも表現されます。[17]

ネガティビティ・バイアス

「ネガティビティ・バイアス」――別名「悲観主義バイアス」と言われたりもしますが、これは、「注目バイアス」の一種で、マイナスなものにフォーカスしたくなってしまう脳のクセです。[18-19]
上の図を見てください。

これは円が欠けている図になりますが、あなたはどのくらい円が欠けていたら気になりますか？

実は、**神経症傾向が高い人ほど「ネガティビティ・バイアス」が強いため、ほんのちょっと円が欠けているだけでも気になってしまいます。**

一方、神経症傾向が低いと、円が少し欠

けていてもそれほど気になりません。

神経症傾向が高い人を調べたことがありますが、そのような人たちはミリ単位の部分が欠けていても、その部分ばかりが目に入ってきてしまいます。

よくSNSの投稿に、100個の「いいね」がついても、1個の悪口が書かれていたら、そのことばかりが印象に残ってしまう人がいます。これはネガティビティバイアスが強いからです。


ただし、神経症傾向は完全に悪者かというと決してそうではありません。

この**神経症傾向は、本来は私たちが生き延びるためにつくられたもの**だからです。

私たちは原始時代から、天敵の攻撃や、突然の嵐、自然災害など、さまざまなリスクに囲まれて生きてきました。私たちの祖先は、リスクを回避するためにマイナスなことにフォーカスして、その困難を乗り越えてきました。飢饉《ききん》が起きたとしても「これくらいだったら、大丈夫！」と楽観すぎる人は、死んでしまったかもしれません。

ですので、神経症傾向は決してよくないものではなく、強すぎると問題があるだけです。

実際に科学界では、**「健康的な神経症」**（専門用語でHealthy Neuroticism）**と呼ばれる人たちが注目されています。**[20] この人たちは、神経症傾向と誠実性が高い人で、喫煙や薬物使用のリスクが低くなり、炎症やガンなどを引き起こす炎症性サイトカインの値が低く、人生を通して健康的に過ごせるそうです。


しかし、この神経症傾向が強すぎると、ある問題が起こります。**一部の「欠点」が自分の性格の「全て」であるかのように、錯覚してしまう**のです。

これによって、自分には「マイナスな部分」「ダメな部分」「嫌いな部分」しかない、いいところなんて1個もない、と考えてしまう傾向があるのです。

本当は、丸い円全てがその人なのに、まるで、「欠けているところ」しか自分には存在しないかのように思えてしまうのです。

客観的には、とても明るく、はきはきと話せるのに、本人はその明るい自分に全く気がつかず、「暗い自分が本当に嫌いなんです」と悩み続ける……。なんてこともよくあります。

あなたが「あなた」だと思っているものは、もしかしたら、円の欠けている部分に過ぎないのかもしれません。

この**神経症傾向が強すぎることは、過度なマイナス思考を形作っている大きな元凶となっています。**

神経症傾向が大きすぎると、ビジネスだけでなく、恋愛、健康、身体能力、寿命、幸福度などあらゆる分野において、負の影響を及ぼします。[21-22] 仕事でがんばりすぎて、突然何もやる気が出なくなり、バーンアウトと呼ばれる状態になる人たちは、神経症傾向が高い人が多いようです。[23]

神経症傾向が高いことで、人見知りになったり、統合失調症になったり、後天的に痛みを学習しやすかったりするため、自分自身でマイナス思考を加速させてしまっていることもあります。

また、**扁桃体がマイナスの感情を感知すると、「前帯状皮質」という場所が活性化**

することもわかっています。

近年、この「前帯状皮質」は「別のあること」を体験したときに反応することがわかってきました。

それは「**身体的な痛みを感じたとき**」**に反応する場所と全く同じ部分**だったのです。[24]

つまり、脳科学的に、**人に拒絶されることは、ナイフで傷付けられた痛みと同じようなもの**だということ。

特に内向型の人が神経症傾向を持っていると、さらに深く考えてしまうために、より痛みを感じやすくなります。よく、失恋して落ち込んだ人が「心がズタズタになる」と表現しますが、あながち大袈裟ではなかったのです。

この仕組みを利用すれば、内向型でも性格はシフトできる！

しかし、ここで朗報があります。

この「恐怖学習」と「快感学習」の仕組みをうまく利用して、性格をリセットできることがわかってきたのです。

「パブロフの犬」という有名な現象があります[25]。

目の前の犬にベルを鳴らした後にえさを与えると、ベルの音が鳴るだけで、犬はよだれを垂らすようになるという現象です。

これはまさに脳が新しいパターンを学習して、「ベルを鳴らす＝食べたい」というパターンができた現象です。よく条件反射とも言われますが、後天的に特定のパターンができるのは性格形成にも似ています。


ここまでは、多くの人が知っている話です。ところが、この実験には続きがありました。

研究者のパブロフは、もう一つの実験を行いました。それは、先ほどのよだれが出ることを学習した犬に、今度は「ベルを鳴らしても、えさを与えない」という新しい体験を何度もさせたのです。

すると、こんなことが起こりました。

「犬はベルを鳴らしても、唾液を出さなくなってしまった」のです。

つまり、**新しい体験を通して、一度学習したパターン（性格）をリセットできた**ことを意味しています。

これを専門用語で**「消去学習」**といいます。(26) 快感学習と恐怖学習を超える**第3の学習と言われています。**

「消去学習」のしくみ

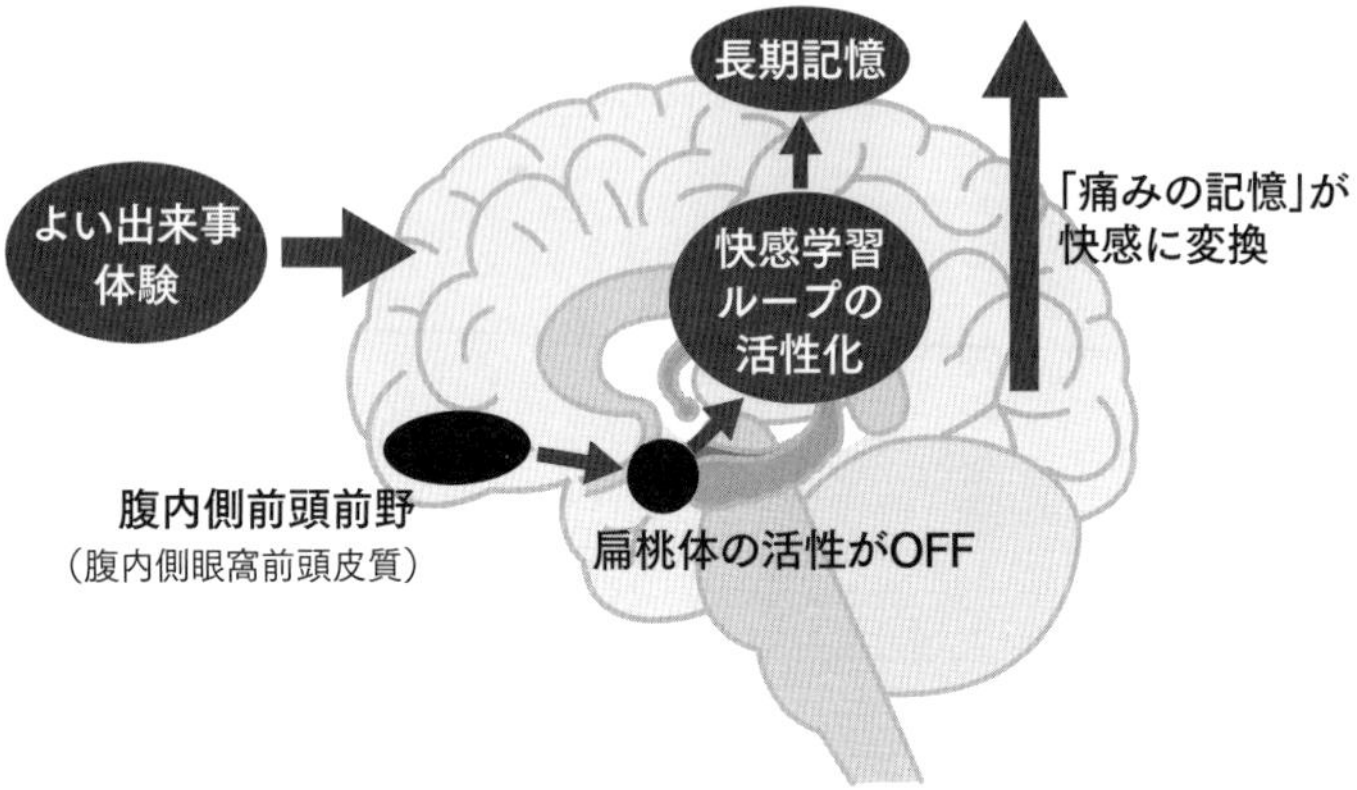

この消去学習を使うと、過去の体験が原因となった苦手意識や性格傾向などもリセットできます。
たとえば、「初対面の人に会うのが苦手」という恐怖学習をした人がいたとします。
そんな人が、あるとき、勇気を出して、飲み会に参加してみました。初対面の人と話が思いのほか盛り上がり、とても充実した時間を過ごしました。正直楽しい！　と思えた素晴らしい体験になりました。すると、脳は快感を学習して、**脳の報酬系**（**腹側皮蓋野と側坐核**）**だけでなく「腹内側前頭前野」が活発化します。**(27)

この「**腹内側前頭前野**」は、**マイナスな感情を生み出す「扁桃体」にブレーキをかける役割**を担っています。恐怖・不安・悲しみなどのマイナス感情が大きな炎のようになっているとしたら、この炎を消火するのが「腹内側前頭前野」です。

その結果、今起きていることを冷静にとらえられるようになり、快感学習をしやすくなります。**「うまくいった」という快感が海馬から長期記憶に移行して、恐怖学習がリセットされ、「痛みの記憶」が「快感」の記憶に変換されます**。これが消去学習の正体です（実際はもっと複雑ですが、わかりやすくするために簡略化して説明しています）。

「消去学習」は、一度獲得したら消えにくい

この消去学習は、私たちが知らないうちに日常的に何度も体験しています。[28]
怖そうと思って敬遠していた人と実際に話してみたら、意外といい人で印象が変わ

ったということや、パーティーに誘われて面倒だったけど、実際に行ってみたら楽しかったという経験はなかったでしょうか。

マイナスだと思っていたことが、実際に体験してみると、プラスに変わるということは多々あったりします。

私自身も、消去学習の経験を何度もしてきました。

その中でも最も印象的だったのが、苦手だったウニが食べられるようになった体験です。

私は小さいとき、瓶詰めのウニが大好きだった父から、いつもウニを食べるようにすすめられて、ウニが大嫌いになりました（まさに恐怖学習です）。酒のつまみにはよいのですが、はっきり言って、子どもにはおいしいものではありませんでした。

しかし、転機が訪れたのは大学生のときです。

当時、家庭教師のアルバイトをしていたのですが、ある日、お母さまが「いつものお礼に」と木箱に入った立派なウニを用意してくださっていたのです。

一瞬背筋が凍りそうになりましたが、まさか、そこまでしていただいて、ウニが食べられないなんて言えるわけがありません。なんとか顔に出ないようにと祈りつつ、私はふるえる手で箸をもち、おそるおそるゆっくりとウニを口に入れてみたのです。

するとその瞬間、驚くことがおきました。

口に入れた瞬間に、何ともいえない芳醇な甘い香りが口いっぱいに広がったのです。とろけるような美味しさも広がり、これまで感じたことのない大きな快感が押し寄せてきました。

それ以来、私はウニが大好きになってしまったのです。

これが、まさに「消去学習」の体験です。

あまりに美味しいウニを食べたことで、脳が大きな快感を感じて、腹内側前頭前野が活性化し、過去の痛みを消去してしまいました。たった1回の体験ですが、あれから28年たった今でもずっとウニが大好きです。

性格も、これと同じように消去学習をすることが可能です。

「人と話すのが苦手だ」と思っていた人も、一度「あなたと話すの、楽しい！」と言ってもらえただけで、脳が活性化して消去学習が起きます。そういった経験を何度も重ねていけば、性格は自然とシフトすることができるのです。

このような性格のシフトは、私がサポートしたクライアントの多くの人が経験してきました。数ヶ月から1年間のサポートで、まるで別人のように性格がシフトして成長された人もたくさんいます。

あなたの性格は、あなたのせいじゃない

性格を変えるには、まず、あなたが後天的に身につけた性格は何か、自問自答する必要があります。

あなたはこれまで、どんな恐怖学習を獲得してきたでしょうか。幼少期に、どんな出来事があったのでしょう。あなたがもし、「すぐに人の目を気にしてしまう自分が嫌い」だと思っているのだとしたら、「人の目を気にしてしまう」ようになった原因は、何でしょうか。

あなたの性格の半分以上は、これまでの「恐怖学習」の積み重ねでつくられているかもしれません。それを一つひとつ、剥がしていくことができれば、自然と本来の自分を手に入れることができます。

私自身も今から18年前、病気になったとき、今までの人生を振り返りました。そこで、恐怖学習でストレスまみれになっている自分に気がついたのです。人といるだけでどっと疲れ、いつも人にどう思われているんだろうという気持ちにさいなまれ、不安を感じていたこともありました。

それらの不安の原因を探ってみたとき、ふと、「小さいときから大切な人から一度もほめられたことがないのだから、この性格になっても仕方がないな」と腑に落ちた瞬間がありました。いやでいやでたまらない自分のこの性格は、自分のせいじゃない。これまでの恐怖学習の積み重ねなんだ。そう思えただけで、光がさしたように思えたのです。

内気な人の「負の遺産」が多くなる本当のワケ

繰り返しますが、**恐怖学習しやすく痛みが大きい人は、決して自分のせいではありません。**

特に大切なのは幼少期の親との環境です。

なぜなら、**小さい子どもというのは、もともと神経症傾向の一つである「ネガティ**

ビティ・バイアス」が強くなるようにできていて、恐怖学習をしやすいからです。[29]
幼児は、親がいなくなったら生きていくことができません。
ですから、子どもは自分を守るために、親から離れるとすぐに泣きます。そして、怖がりです。危険を顧みずに未知の大きな動物に向かっていったら、死んでしまうかもしれません。だからこそ、子どもは「ネガティビティ・バイアス」を大人よりも働かせるのですが、その代わり、恐怖学習もしやすいと言えます。

特に内向性が高い子ほど、深く考える傾向があるため、より怖さを感じてしまうようです。私も7歳の子どもがいますが、周りの友達を見ていると、怖いことがあってもすぐに忘れてしまう子もいれば、ずっとひきずって泣いている子もいます。

子どもは内向性が高いと、恐怖学習の頻度が増えていき、苦手意識が多い人に育ってしまいやすいのです。マイナスな思考がいきすぎると、扁桃体が過活動になって前頭前野の活動低下が起こるため、より客観的な思考ができず、落ち込みやすくなってしまいます。[30]

しかし、この内向性が高くても、恐怖学習をしにくいケースがあります。
それが「**周りの人とつながっていて安心感を感じているとき**」です。[31]

これはもともとラットで発見された現象です。生まれたばかりのラットは、普段いる場所から隔離されると、「助け」を求めてわめきます。かなりのストレス。まさに恐怖体験です。

そのとき、母親や兄弟姉妹がそばにいると、ラットは安心して暴れなくなります。リラックスして、恐怖体験が弱まるのです。これを「**社会的緩衝《かんしょう》作用**」と呼ぶのですが、人でも同じで、サルやニワトリ、ヒツジ、ブタやあらゆる動物で観察される普遍的な現象です。[32]

私たちは小さい頃、内向型の気質を持っていると恐怖体験をしやすいですが、**そばに親や兄弟のような安心できる存在がいると、「社会的緩衝作用」で恐怖の記憶が消**

去されていきます。その結果、内向型であったとしても、苦手意識が少なく自信のある子に育つのです。
一方で小さい頃に安心感がない環境で育つと、「社会的緩衝作用」が働きません。特に内向性が強いと恐怖学習が増えてしまいます。子どもの頃に体験した恐怖学習は、大人になっても知らないところで作用していることがあります。
なぜか、特定の場面だけ緊張したり、不安になったりするようなことがあるとしたら、それは幼少期のときの恐怖学習が影響している可能性があるのです。[33-35]
マイナス思考というのは、決してあなたのせいではありません。育ってきた環境が強く影響している可能性があるのです。

第5章

理想の自分という幻想をリセットする

多くの人は性格を変えたいと思っている

自分の性格に満足している人は意外に少ないようです。ポジティブな人が多そうな米国でも、毎年１００億ドルものお金が幸せや性格を改善するプログラムに使われ[1]、85～95％の人がもっと理想の人になりたいと思っているようです[2]。日本の１０００～５０００人[3-4]を対象にしたある性格アンケートでも、約5～8割の人が「性格を変えたい」と回答しています。
「おとなしい自分が嫌い」という悩みには強く共感します。私も30代半ば頃までは、非常に内向的な性格だったからです。完璧主義で、いつも気が張りつめているような感覚があり、人と会うたびにストレスを感じていました。自分でもどうすればいいかわからず、そんな自分が嫌で仕方ありませんでした。

おとなしい人は、内向的な自分を「ダメだ」と思い込み、無理に「外向的」になろうとする傾向があります[5]。

現代社会において、「明るく、元気」は美徳とされています。親や学校の先生から、「明るくはきはきと挨拶しましょう」などと指導された経験がある人も多いのではないでしょうか。幼い頃からの習慣で、そう振る舞わなければならないと、無意識にプレッシャーを感じている人もいるでしょう。

「理想の性格」になろうとして失敗する典型的なパターン

理想の自分になりたいという人には、往々にして大きな誤解があります。

無理に理想の自分になろうとすると、逆になってしまうということです。

憧れのインフルエンサーのようになりたい。いつもみんなに囲まれている人気者になりたい……。

憧れの誰かに近づこうと、がんばってはみたものの、本来の自分からはあまりにかけ離れていて、ヘトヘトになってしまったことはないでしょうか。

性格をよい方向に変化させていくためには、順番があります。これを間違えてしまうと、失敗という恐怖学習を通して「痛み」の記憶が増えるばかりで、「どうせ私は変われないんだ」というネガティブな思いがますます強化されてしまいます。

性格を変えるために大事なことはたった一つです。

まず「元に戻す」作業が必要だということです。

これまでお伝えしたように、内向的な人は深く考えやすく、神経症傾向と合わさると、結果として恐怖学習をしやすい傾向にあります。「また失敗したらどうしよう」と、起きていない未来の失敗を予想して不安になったり、周りの目が気になったりと、考えすぎてしまいます。

日常生活のありとあらゆる行動が「痛み」と結びついている神経症傾向の人は、何事もネガティブに考えてしまう態度・思考パターンそのものを、「自分の本来の性格だ」と思い込みがちです。**「痛みの学習をしてしまった自分」のことを、本来の自分だと認識しているのです。**[6]
しかし、それは大きな誤解です。
恐怖学習で得た記憶は、あなたが生まれ持った「気質」とは全くの別物です。幼少期の経験や、習慣の積み重ねで、**「恐怖学習しやすい脳」**になってしまっているだけなのです。
「何をやってもダメな自分」は、本来のあなたではありません。

「見せかけの自分」を捨て、「痛み」の記憶を消す

内向的で神経症傾向が高い人がそれを自覚するのは簡単なことではありません。「自分の性格が嫌い」ということにばかりフォーカスしてしまい、今度は「もっと立派な

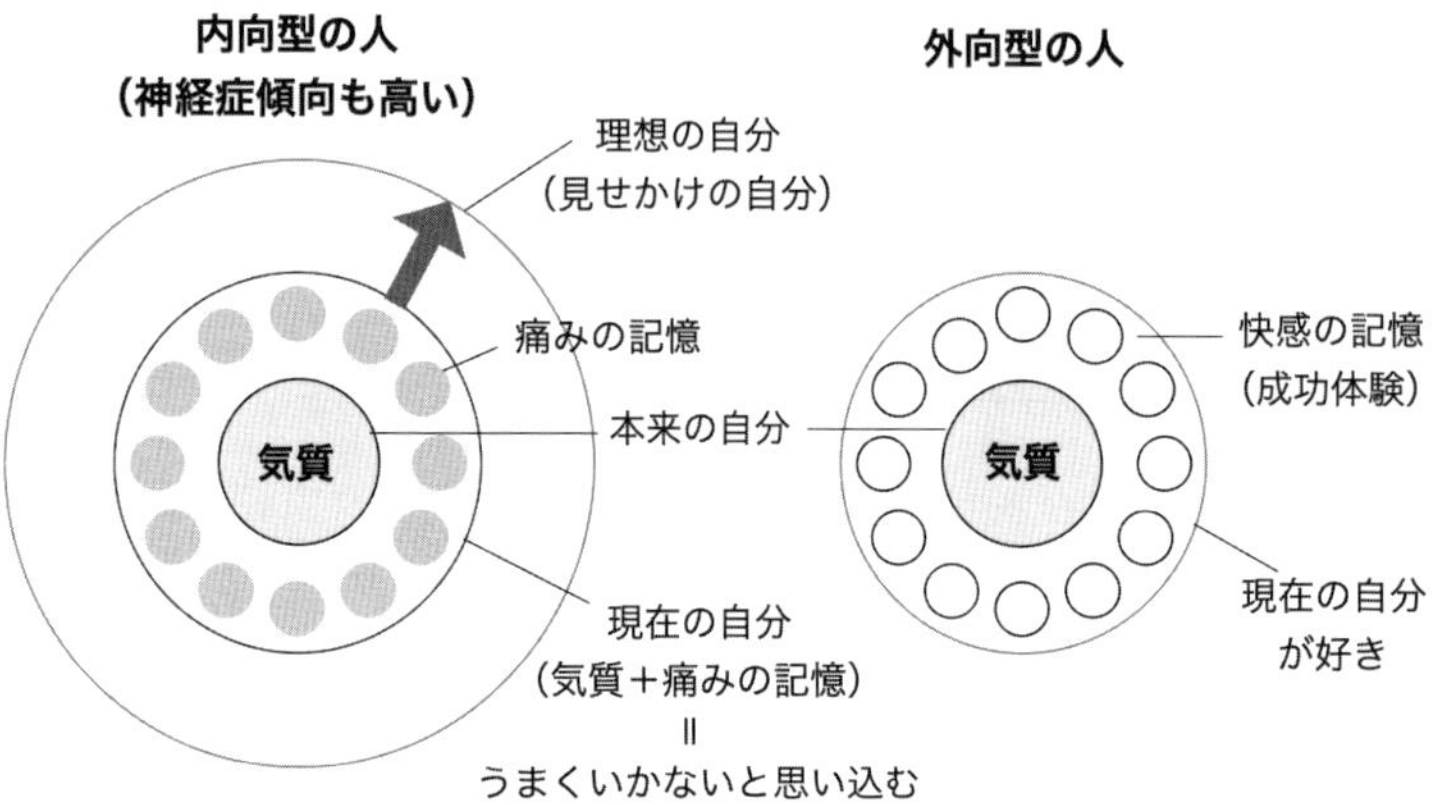

人になろう」と努力します。
すると、「本来の自分」のずっと外側に、「理想の自分像」を描いてしまうのです。[7]

上の図のように、人は生まれながらに持っている「気質」に、さまざまな体験から得た記憶を重ねることで、徐々に性格が形成されていきます。

外向型は、快感学習をしやすい脳を持っているため、右の図のように、本来の気質に加え、成功体験（快感の記憶）がどんどん積み重なっていきます（現在の自分／パーソナリティが好きになれます）。「よくわからないけど、なんとかなるはず！」と、根拠のない自信がある人に外向型が多いのも快感の記憶が多いからです。

ところが、内向型は異なります。左の図を見てください。

神経症傾向がプラスされた内向型の人は、マイナスなことを深く考えることで痛みの記憶が増えやすいため、**「気質＋痛みの記憶」が本来の自分だと思い込んでしまいます。**すると、そんな自分を否定して、理想の自分になろうとしてしまうのです。

しかし、**この理想の自分は、決して本当の自分ではありません。**なぜなら、自分の本来の気質を認めずに、全く真逆のものになろうとしているからです。**可愛い犬として生まれたのに、気高いライオンになろうと思っているようなものです。**本当の自分ではない偽った自分のことを、私は**「見せかけの自分」**と呼んでいます。

「見せかけの自分」は、本来持った自分の気質とは異なるため、そのギャップで歪みが生まれます。[8-10]「もっと行動的になりたい」「もっと人としゃべれる自分でありたい」という理想に近づこうとしますが、元来の気質は内向的です。多くの人と話すと刺激を受けすぎてしまうので、家に帰ってからどっと疲れがやってきて、1日中寝ていないと回復できないという人もいます。[11]

しかし、自分を成長させるために大切なことは、真逆の自分（理想の自分）になるこ

とではなく、まずは苦手意識を生み出している「記憶をリセット」して本来の自分に戻ることです。

たとえば、「人と話すのが苦手」という痛みが強かったとすれば、それを消去学習でリセットしていく。第4章で、ウニが好きになった消去学習の話をしましたが、そのように、**一つひとつの痛みの記憶を消去学習でリセットしていくことができれば、苦手意識がなくなり、そんな自分に大きな成長を感じます。**


多くの人はプラスになろうとしますが、マイナスを減らしていくことが最も大きな自分の成長につながるのです。

「痛み」とは本来、過去の体験の記憶から、脳が勝手にアラームを鳴らしてしまっているだけです。

多くの人は後天的な苦手意識を「性格」だと思いがちですが、全ての痛みの記憶をリセットできたら、生まれたときの「気質」、つまり、あなたが一番自然でいられる、ニュートラルな状態になれて、快感学習も増えていきます。そして、そんな自分を好きになっていくのです。

「性格のリセット」で子ども時代の自分に戻る

「ニュートラル」とはいわば、無邪気な子どものような状態です。
子どもの頃は、もくもくと絵を描くのが好きで、その頃は、無限に描きたいことが浮かんできたのに、なぜか、大人になってから描けなくなった。その理由を紐解いてみると、親から「そんなことより、勉強しなさい」と言われた記憶が痛みとなって、「自由に絵を描きたい」という自分の素直な欲求に蓋をしてしまったからだった——といったケースは、私のクライアントにもよくあります。

「性格のリセット」とは、いままでのあなたが恐怖学習によって手に入れてしまった「見せかけの自分」を壊して、子どもの頃のあなたの気質を取り戻す作業です。

私はよく多くの人に「**変わることは元に戻ることなんです**」と伝えていますが、本来の自分に戻ることができると、ストレスフリーな状態になります。

恐怖学習をたくさんしてきている人は、「どうせこの人も、私の悪口を言っているに違いない」「職場でこういう態度を取る人、前にもいた。こういうタイプの人には近づかないほうがいい」などと、他者に対する先入観が強い場合が多いです。

この先入観をリセットできると、人と話すのも楽しくなるかもしれません。「話してみたら、意外といい人だった」など、自分にとっても新たな気づきがあるかもしれません。

苦手意識を一度リセットし、「思っていたより楽しかった」「意外といい人だった」という快感の記憶が増えていけば、もともとの気質が内向的な人でも、あらゆる行動をより楽しめるようになります。

かくいう私も、かつては痛みの記憶だらけでした。

仕事でもプライベートでも、とにかく人に会うのが嫌で仕方ありませんでした。30代前半で自分の性格を見つめ直し性格をリセットしていったことで、しだいに人とニュートラルに接することができるようになったのです。

クライアントに感謝されたり、喜んでもらえたり……。対人的なものに対する快感の記憶が増えてきたことで、だんだん「もっと人と話したい」「多くの人に自分の想いを伝えたい」と素直に思えるようになりました。
私が両向型になったのも、このような手順によってです。

「自分の性格が嫌い」ループから抜け出すまでのステップ

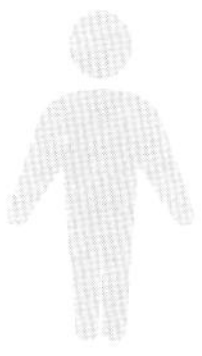

性格を変えるためのポイントをおさらいすると、次のようになります。

【ステップ1】最初の状態
↓　自分の性格＝痛み
【ステップ2】性格の移行期
↓　自分の性格＝ニュートラル

【ステップ3】性格の成長期
↓ 自分の性格＝快感

これをベースに、外向性が嫌いだと思い込んでいた内向型の人が、両向型にシフトする流れは、次のようになります。

【ステップ1】最初の状態
↓ 内向的＝快感、外向的＝痛み
【ステップ2】両向型への移行期
↓ 内向的＝快感、外向的＝ニュートラル
【ステップ3】完全な両向型の状態
↓ 内向的＝快感、外向的＝快感

＊外向型が快感になる人もいれば、ニュートラルの人もいます。自分にとって心地よい状態であれば、どのような状態でもＯＫです。

リセットをすると、外向的な行動が「痛み」ではなく「ニュートラル」に変わり、先入観なしで行動できるようになります。

「どうせこうなるだろう」というバイアスがない状態なので、どんなことにも新鮮な気持ちで取り組むことができ、「成功体験」の頻度が高まります。「人が怖い」と思いながら話すのと、それがない状態で話すのとでは、話し方も変わってきます。

その結果、行動そのものが「快感」に変化しやすくなるのです。

人間の脳には「注目バイアス」というものがあります。[6]たとえば、「この人は裏切る」という先入観があると、それを裏付ける情報にばかりフォーカスしてしまいます。この人はこういうところが怪しいと、些細な証拠をどんどん集めてしまうため、結果的に「やっぱりこの人は信頼できない人だ」という体験が積み重なっていきます。雪だるまのように、先入観が大きくなっていくのです。

その点、ニュートラルな状態になると、物事を冷静に、客観的に見られるようになります。

相手のいい点も悪い点も、そのまま受け取ることができるため、成功体験も積み重ねやすくなり、快感学習も増えていくというわけです。

脳は、生まれてから起きた全てのことを記憶している

ステップ3では、内向的な行動も外向的な行動も快感になりますが、このような完全な両向型を目指すかどうかは、あなた次第です。

過去の強いトラウマで、どうしても大勢の人と話すのが苦手という人もいますから、まずは「ステップ2」の移行期を目標に、外向的な行為をニュートラルに受け止めら

れる状態を目指しても大丈夫です。

たとえば、4人くらいの会話なら楽しめるけど、10人、20人規模の大人数になると途端に話せなくなる、という人もいます。私の知人は、過去に、学校のクラス会で失敗して大笑いされた経験があったそうです。それ以来、大人数の空間にいると強い違和感がある。そんなときは、無理に大人数の中で楽しく話せる性格になろうとする必要はありません。

脳は、生まれてから現在に至るまで、全ての出来事を記憶していることが、数々の実験でもわかっています。

脳には意識しようとして思い出せる「顕在記憶」と、無意識にふっと浮かび上がってくる「潜在記憶」があります。[12]何十年も思い出していなかった子どもの頃の記憶が、お風呂に入っているときや、道を歩いているときに突然ふっと甦ることがありますが、それが「潜在記憶」です。映画を観ていたら、忘れていた友人や過去の恋愛が蘇ったり、花の匂いを嗅いだら、自分が生まれ育った田舎のことを思い出したり……。

今までに起きたことを脳は全て記憶していて、それらが何かのきっかけでふっと意識にのぼってくることがあります[13]。

「プライミング効果」という現象もあります[14]。これは、最初に受けた刺激で行動が変わる脳の性質のことです。

たとえば、あなたが今日のお昼に「カレーを食べたい」と思ったとします。それは、もしかすると、2、3日前にカレーの写真やメディアの情報などをどこかで見かけたからかもしれません。私たちは、自分の行動を自分で決めていると思っていても、実は、過去のさまざまな記憶の蓄積によって判断しているだけなのです。


ということは、**「性格」とは、「記憶の集合体」**だということです。

記憶の集合体を、私たちは便宜的に「性格」と呼んでいるにすぎず、「痛み」を記憶しやすい内向型で神経症傾向の人は、どうしても、自分自身のことを「暗い性格」だと勘違いしやすいのです。その「痛み」の記憶をリセットできれば、あなたのこれからの行動も変わっていくはずなのです。

第6章

「人」と「環境」と「行動」があなたを変える

日常的に性格をリセットする3つの方法

私たちは常に「快感学習」と「恐怖学習」を行っていますが、「消去学習」という第3のプロセスで、性格をリセットすることができます。

世の中には、人生の中で大きく性格が変わった人たちがいますが、これらの人たちの共通点を調べたところ、次の3つの習慣が性格の消去学習に関係していたことがわかりました。

1. 付き合う人を変える
2. 環境を変える
3. 行動を変える

もちろん、細かい点は人それぞれありますが、この3つが最も共通した項目でした。
これからそれぞれの要素について見ていきたいと思います。

《パターン1》「付き合う人」を変える
付き合っている人はあなたの一部になっている

世の中には運のいい人がいますが、運がいい人と一緒にいると、なぜか自分まで運がよくなった感覚がすることはなかったでしょうか。
気のせいといったらそれまでですが、これは成功している人のうまくいく考えにふれると、私たちのこれまでの価値観が消去学習によってリセットされるという現象の一つです。**ハーバード大学の研究でも幸せは伝染することがわかっています**が、私たちは付き合う人から多分に影響を受けているのです。[1]
気をつけなければいけないのは、この学習はプラスだけでなく、マイナスにも働くということです。
ちなみに、これは脳科学の世界では「集団バイアス」という言葉になります。[2]これは**所属する集団によって自分の思考パターンが影響を受けてしまう**という現象です。

通常は人が倒れていたら一般的な人は助けようとしますが、もし周りの人がそれにあまり関心なくただ見ているだけだとしたら、自分も同じように助けようとしなくなることがわかっています。[3]
米国の研究でも、投資の世界でリスクを好む人が、保守的な人たちのグループに入ると、リスクの少ない投資をするようになったり、保守的な人がリスクを好む集団にいるとリスクの高い投資を好むようになったりするという報告があります。[4-5]
たとえ言葉を発していなくてもストレスを感じている人を見ると、自分も同じような感情（神経症傾向）になる人も多いそうです。[6]
これまでバイアスによる思考パターンの変化は一時的なものだと思われてきました。しかし、これが日々繰り返されると習慣化されて性格の一部になってしまうのです。

動物ですら性格が変わる

性格は人間だけでなく動物も接する人によって影響を受けます。
リンカーン大学とノッティンガム・トレント大学の2019年の研究では、イギリス在住の3000人以上の猫の飼い主をリサーチしました。[7]
その結果、**神経症傾向の強い飼い主に育てられた猫は問題行動を起こすことが多く、誠実性が高く良心的な飼い主のもとで育った猫は消去学習によって不安や攻撃的な行動を見せなかった**そうです。犬でも同様の結果が出ています。[8]
私自身も犬を飼っていますが、外向性が高い飼い主は外からの刺激が好きなため、犬が興奮したとき思わず喜び盛り上がってしまいます。そのため、犬もこれはよいことなんだと（快感）学習して、より興奮しやすい犬になってしまうのでしょう。
一方、内向性が高い飼い主は、犬が興奮してもそれほど反応しません。そのため、「興奮＝ニュートラル」となるため快感学習が起こらず、犬も必要以上に興奮しない落ち着いた犬になると考えられます。

よくビジネスの世界でも、自分の収入を上げたければ、収入の高い人たちと付き合えと言われますが、これらはあながち嘘ではないことが科学的にも確かめられてきています。(9-10) 昔から学習効率が最もよい方法は、「師をつくること」と言われており、古来から師弟制度のようなものがありました。これらは脳科学的にも消去学習として、とても効率のよい学習法です。

あなたが付き合う人は、あなたの一部になっています。もちろん、それだけで全ての性格が変わる訳ではありませんが、確実に性格の質はシフトしていきます。もし自分を変えたければ、自分に力を与えてくれる人と付き合うことで消去学習をすることが大切です。

「私は周りに付き合いたい人なんていない！」という人もいますが、その場合は、**尊敬する人や憧れている人の動画を見るだけでも消去学習が起きる**ことがあります。

悩んでいたときに大きな困難を乗り越えて大活躍している人の動画を見たら気分が変わったり、悩みがどうでもよくなることがありますが、この理由の一つは消去学習が起きているからです。普段接しているものに、私たちは近づいていくのです。

《パターン２》「環境」が性格をリセットする
性格は地球のどこに住むかで変わる

次のページの日本地図を見てみてください。

これは、日本の47都道府県の性格の分布マップです（「外向性」「神経症傾向」「誠実性」「協調性」「開放性」を調べたものです）。２０２１年に発表された最新のデータです。[11]

色が濃いほどその性格の度合いが高く、薄いほどその性格の度合いは低くなります。

これを見て、「自分が住んでいる地域の性格はどうなっているんだろう？」と気になってしまう人も多いかもしれません。

しかし、ここでもう一つ気になることがあります。**隣同士の都道府県に住む人の性格は似る傾向がある**ことです。

たとえば、今回のテーマともなっている「外向性」は、首都圏（千葉、東京、埼玉、神奈川、山梨、栃木、群馬、茨城）や、関西（大阪、和歌山、奈良）、四国、九州や沖縄で高

47都道府県の性格マップ（分布図）

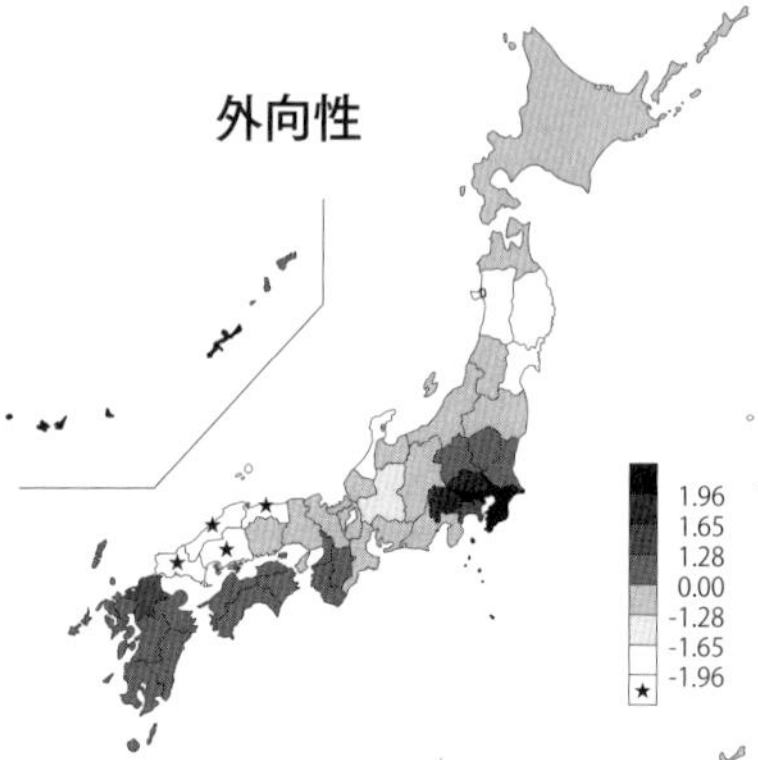

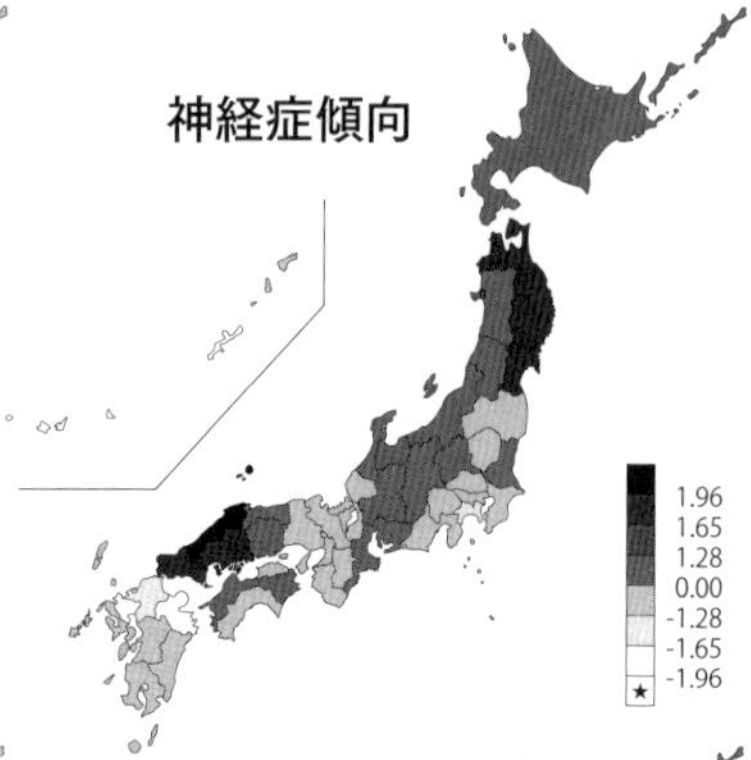

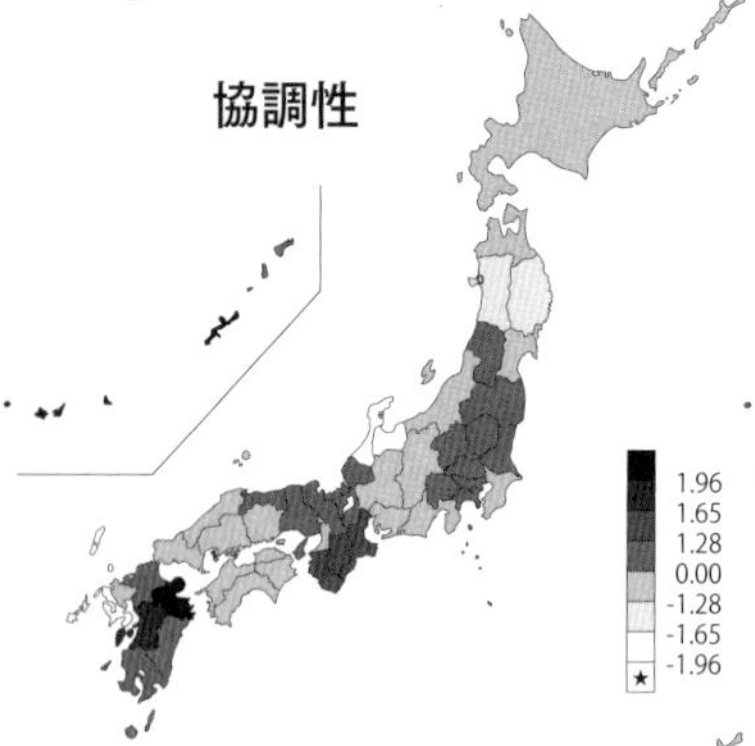

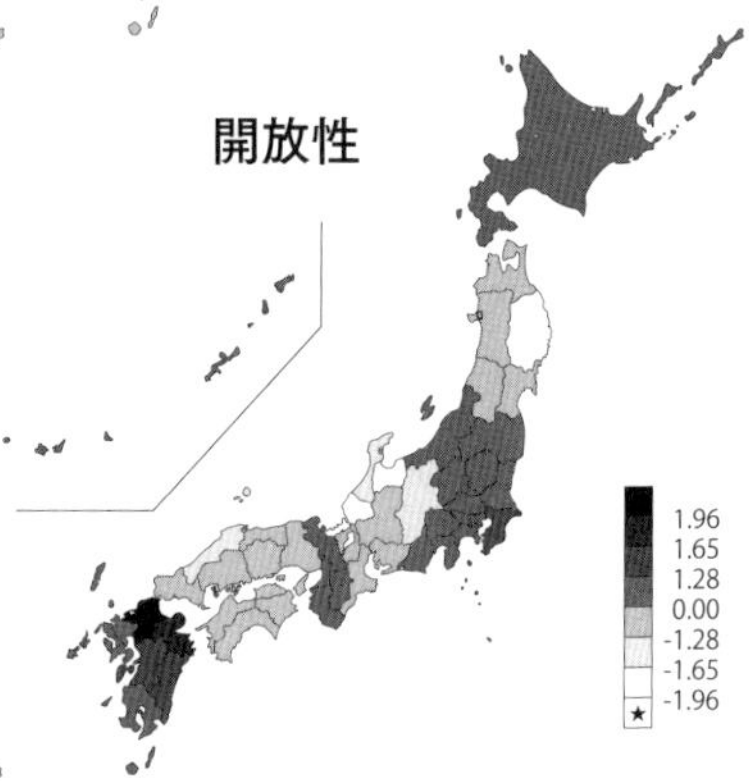

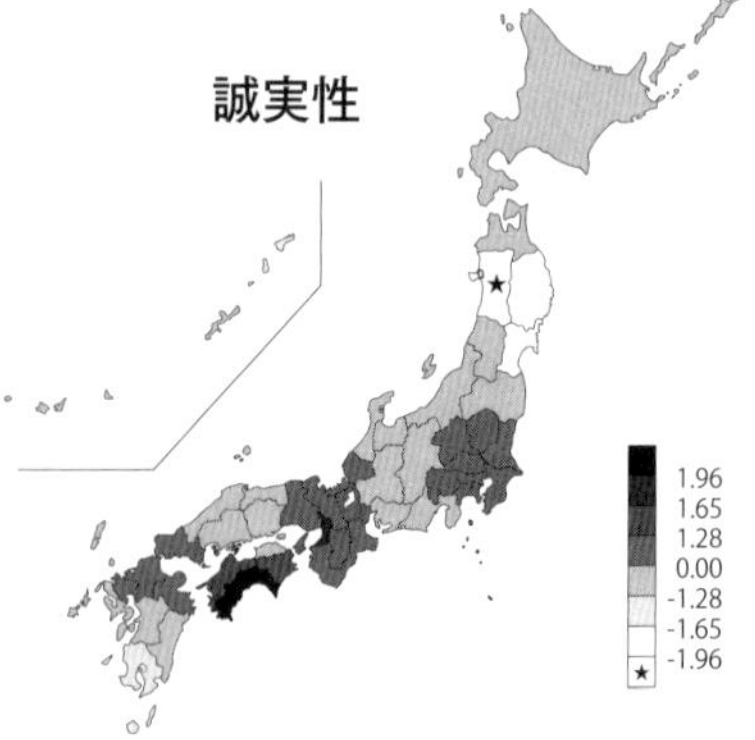

＊色が濃い都道府県ほどその性格の度合いは高くなります。色が薄いほど性格の度合いが低くなります。

出典：S. Yoshio & A. Oshio, 2021を参考に作成

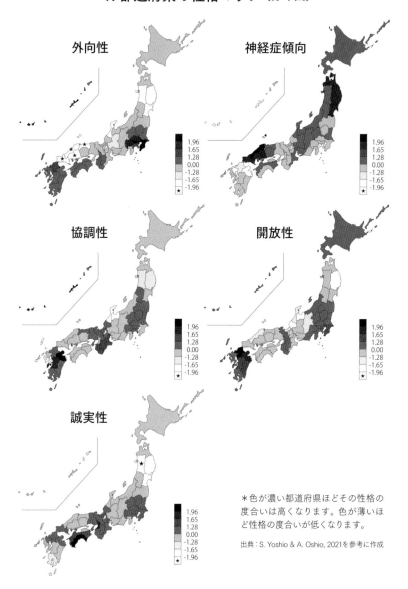

いことがわかります。

一般的に都市部には刺激を求める外向型が移動してくる傾向があるため、[12]首都部は外向性が高くなります。しかし栃木と群馬や茨城などは人口流入が少ないためその影響は少ないにもかかわらず、外向性が高いことは注目に値します。[13]また、九州も福岡に人口が集まるため外向性が高くなるのはわかりますが、九州全ての県が外向性が高く、とても似ています。

「内向性」が最も高い都道府県（外向性が低い箇所）は、東北地方、中国地方となりますが、その周りにはほぼ内向性が高い県が広がっています。この分布図を見るだけでも、**日本の国土としては内向性が高い都道府県が多いと言えるでしょう。**

隣同士の県民性が似てくる理由としては、地域の人とのコミュニケーションを通して性格が影響を受ける「**人の影響**」もありますが、[14]「**環境の影響**」も大きいと考えられています。[15-17]
特に**その土地の特有の風習などがある場合、性格はそうした文化にも影響を受けます。**たとえば、性格のマップを見ると、「協調性」の性格は、北海道は低いことがわかります。実際はいろいろな要因が作用して性格に影響していますが、その中でも、北海道は明治時代に新しく開拓された土地で、昔から「開拓精神」（周りを気にせず自分の意志を貫く考え方）が文化として大切にされてきた歴史が影響しているという報告があります。[18]
また、**九州は全体的に協調性の高い県民性**ですが、なぜか長崎県だけ日本で最も協調性の低い県民性となっています（164ページを参照）。これも、長崎県は鎖国時代に日本で唯一の西ヨーロッパの貿易の窓口として発展した歴史があることから、人と一緒よりも独自のものを生み出すことを大切にする文化が残っているのかもしれません（佐賀県も協調性が低いですが、長崎県の影響を受けている可能性があります）。

一方で沖縄県は「協調性」が高い県民性が特徴です。私も沖縄には何度も訪れていますが、沖縄は親戚との付き合い、ご近所との付き合いをとても大切にする文化があります。私が一番驚いたのは、お墓参りのときですら、墓前で野外シートを広げて親戚同士みんなでご飯を食べるという風習があったことでした。
小さい頃から、人と触れ合う頻度の多い土地や環境で育つと、性格にも少なからず

米国の性格マップ（分布図）

神経症傾向

■レベル1（トップ10州）　■レベル2　■レベル3　■レベル4　■レベル5（最下位）

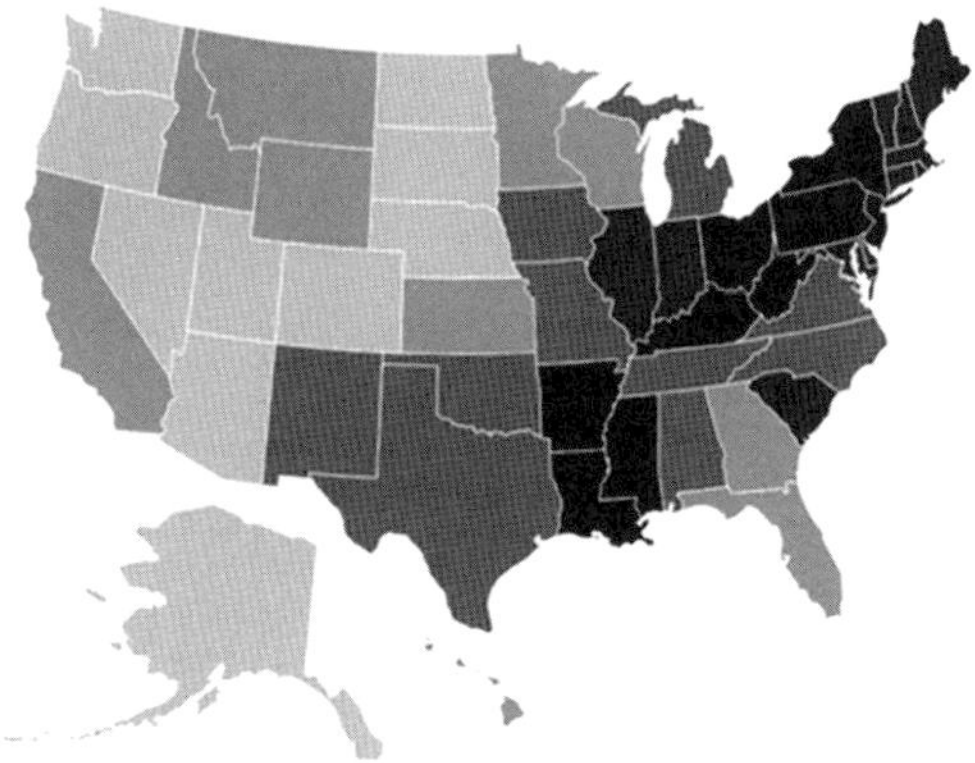

開放性

■レベル1（トップ10州）　■レベル2　■レベル3　■レベル4　■レベル5（最下位）

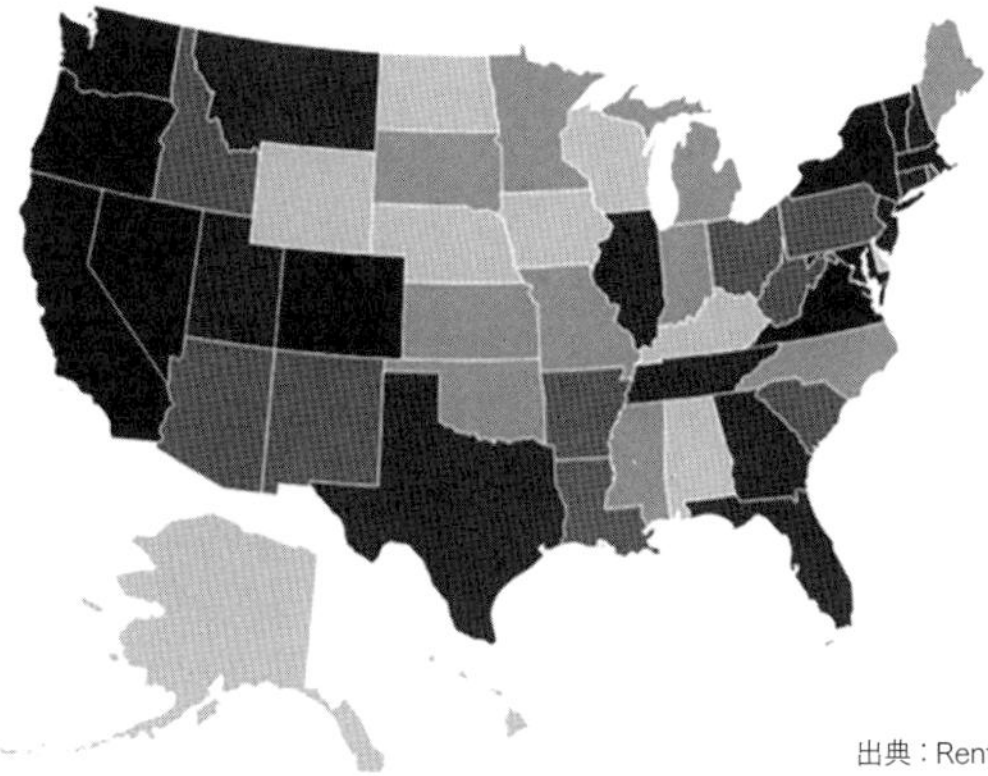

出典：Rentfrow, P. J., 2010

影響を与えているのでしょう[19]（東北、北陸地方は協調性が低くなっていますが、冬に家で過ごす時間が多い地域は「協調性」が低くなる傾向があるようです）。

地理的に近い地域同士と性格が似てくる傾向は、米国、イギリス、ロシア、中国、スイスなど世界的なリサーチからも知られています[20]。

前ページの図は、米国における神経症傾向と開放性の性格マップです[21]。**ニューヨークやボストンなど東海岸の州の近くは神経症傾向が高く、ロサンゼルスやカリフォルニア地域など西海岸の周辺は低い**様子がわかります。開放性も隣同士の州は似たような性格特性になることから、お互いの州でその土地のパーソナリティが影響し合っているようです。

その土地の経済状況（年収）なども、性格に影響してくるという報告があります[15]。

自然環境が脳にも影響する

さらに、私たちの性格はもう一つの環境要因に影響を受けます。

それは「住んでいる土地の自然環境」です。[22]

有名なのが、住んでいる土地の気候や温度によって性格が変化するというものです。

２０１７年のリサーチでも、**22℃前後の快適な環境で育った人は、神経症傾向が減る傾向がある**ようです。[23] 極めて寒い場所や灼熱の砂漠などで暮らす人たちは、生きるために常にリスクを考えなければなりません。そのため、マイナスにフォーカスする神経症傾向を高めていると言われています。

これは、住んでいる環境によって性格がリセットされて新しいパターンが生まれることを意味しています。

また寒すぎる場所は、年間を通しての日光の照射量も少ないため、リラックスのホルモンとも呼ばれる脳内のセロトニンが分泌されにくくなり、神経症傾向をより高めているとも言われています。[24-26] 日本の性格分布マップを見ても、神経症傾向は日本海側や寒冷地に集中している様子がよくわかります。

ハワイに行くとなぜかリラックスして穏やかな気持ちになりますが、これは湿度も低く温度も快適な穏やかなハワイの気候が、神経症傾向をリセットしているのかもしれません。神経症傾向を弱めたければ、まずは環境を変えてみるというのが一つの方法です。

こうした一つひとつの要素がいくつも合わさって性格はできています。環境を変えることは性格のシフトにとても重要なプロセスなのです。

移動距離が人の成長に比例する

これまで見てきた通り、性格は「付き合う人」と「住む環境」に影響を受けます。

そういった意味で、性格が最も大きく成長できるのは、「距離的に離れた異なる価値観を持つ人が住む地域」を訪れることです。

仕事でも旅行でもイベントでも、今までに行ったことのない場所に行くと、これまで悩んでいたことが小さく感じられたり、些細なことに思えたりすることはなかったでしょうか。

私たちは、いつもと同じ場所にいると脳が学習を終えてしまうため、「慣れ」という状態が起こります。この状態だと新しい刺激がないため、成長は起こりません。

しかしこれまで行ったこともないような場所に行くと、考え方が変わったり、価値観がシフトしたりして、生き方が変わるということがよくあります。これがまさに消去学習という体験の一つなのです。

実際に、ドイツのフリードリヒ・シラー大学の研究では、**「留学すると性格が大きくシフトする」**ということが示されています[27]。1学期だけ、もしくは1年留学した学生は神経症傾向が下がり、協調性だけでなく新しいことにチャレンジする傾向が明らかに高まることまでわかりました。

すでに**留学前に数値の高かった性格（「外向性」「開放性」「誠実性」）についても、留学後に大きく成長していました。**

私の知人にも「内向的な自分を変えたい」と思い、海外に留学した人がいますが、実際に大きく性格が変わった人もいます。
外国にいると、恥ずかしさよりも、とにかく言葉を話すことに一生懸命になっている自分がいます。「どう言えばいいんだろう？」と言葉を真剣に考えるうちに、「自分はどう見られてるんだろう？」という思考は薄れ、そのおかげで、これまで見えなかった他の部分、人の温かさにも気づくことができるようになったそうです。まさに消去学習です。

日本に戻っても彼は社交的なままで、実際に会うと昔と違っていて驚くことがあります。これが本来の彼の性格だったのかもしれません。全く知らない土地で、快感を伴う新しい体験をして、痛みの性格がリセットされ、本来の自分を取り戻せたのです。

「役割」で人格は変わる

後天的に性格をリセットするものとして、もう一つ大きなものがその人の「役割」

によって、性格がシフトするというものです。

「あの人って、昔はいつもピリピリして近寄り難かったけど、最近すごく丸くなったよね」

あなたの周りで、そんな人を見たことはないでしょうか。

人は思いがけず、大きく性格がシフトすることがあります。結婚したり、役職が変わったり、交通事故や仕事での挫折で置かれている立場が変わったり……。大きなターニングポイントを経て、「まるで人が変わったようだ」と言われるケースです。私自身も、大きな病気をして社会に置かれた立場が変わったことがきっかけで性格が大きく変わってしまった一人です。

これは「役割的性格」によって、性格が変わる現象として知られています。(28)

子どもが生まれて父親になると頼りがいのある性格になったり、経営者になると他人に対して厳しくなったり、自信を持てたりと、「役割によって性格が影響を受ける」

という現象です。

恋人ができたら、その人の好みに合わせて変わる人もいます。**人は社会に置かれている立場や役割が与えられると、自然とそうなろうとするために性格が影響を受ける**ことがわかっています。

また、**英語を話すときと、日本語を話すときでは性格が変わる**ことも確かめられています。使う言葉の環境によっても性格は影響を受けてしまうのです[29]。

私も関西弁を話す人と一緒にいて、ぼけに対してツッコミを入れないといけない状況が続くと、いつの間にか関西弁で「なんでやねん！」と普段あまりやらない積極的な姿勢になってしまうことがあります。

これは「つっこむ」という役割と大阪弁の特徴的な話し方が、一時的に性格に影響しているのかもしれません。

「ジェネレーション・ギャップ」なんて言葉もありますが、時代によっても性格が変化してきていることが示されています[30]。原因はいくつも考えられますが、日本のバブル経済のときのようなイケイケの上昇志向の世の中で過ごした人たちは人生に前向きになる傾向があったり、失われた20年と言われる日本経済が低下する世の中で過ごした若い世代はどうしても未来に希望や光を感じられず、リスク回避の思考になってしまったりということもあるのかもしれません。

普段持っている持ち物や容姿にも影響を受けることがあります[31]。以前、自信がないビジネスマンの方をサポートしたことがありますが、**高級時計をつけたり、髪型を変えてもらって、ファッションもコーディネートしてもらったら、「自分」＝「よいものを身につける人」という消去学習が起こり、自信を持てるようになった**事例もありました。

高級なカバンやスニーカーを持つと、行動や考え方が変わるという事例もありました。

いつもネイルをしていない女性に美しいネイルをしてもらったら、「自分」＝「美しい」という消去学習が起こり、美容に意識が向くようになって、自分を大切にできるようになった方もいらっしゃいました。

芸能人でもよくワンランク上のマンションに住むと、成功しやすくなるジンクスがあるといいますが、これも「上質の環境」＝「自分」という消去学習によって、私たちの考え方や行動が影響を受けてしまうということなのかもしれません。
私たちは、付き合う人や身の回りの環境の影響を多分にうけています。(32-33) 自分の考え方、性格、行動が嫌な場合は、自分のせいではなく、もしかしたら、環境のほうに原因があるかもしれないのです。

〈ポイント〉「環境」を変えて性格をシフトする

- **住む場所を変える**
- **海外に行く**
- **職場を変える**
- **転職する**
- **独立する**
- **一人暮らしをする**
- **趣味やコミュニティを変える**

・結婚する
・動物を飼う
・外見やファッションを変える
・持ち物を変える
・ワンランク上の体験をする
・インテリアを変える

《パターン３》「行動」をシフトする　フェイクがあなたを変える

これまで、付き合う人や環境の大切さを見てきましたが、行動も性格形成にはとても重要な要素です。
その一つが、**フリをするとより性格がシフトしやすくなるという事実**です。[34]
これは、ケース・ウェスタン・リザーブ大学で行われた研究で、90名の参加者に「ある性格に関する教材を作成するので、登場人物になってほしい」とお願いしました。

そして、「できるだけ感情が安定している人か、喜怒哀楽の激しい人のフリ（演技）をして自己紹介してほしい」と伝えました。

演技後しばらくして感情安定度テストを行ったのですが、このような結果になったのです。

・感情が安定したフリをした人　↓　6・9点（**落ち着いた性格だった**）
・喜怒哀楽のあるフリをした人　↓　19・1点（**感情の起伏が激しい性格だった**）
（25点満点で、0点に近いほど落ち着いていて、満点に近いほど気分が不安定で喜怒哀楽が激しい性格）


その差は歴然で、演技（フリ）をしただけでなんと3倍近く、性格的な特徴が変わってしまったのです。ある意味、別人と言ってもよいかもしれません。

演技をしているときだけならわかりますが、演技が終わった後でも、性格が影響を受けていたのです。

よく役職が上がると、最初は自信がなくても、その役職らしく振る舞っているうちにだんだん自分がその地位にふさわしい人間だと思えてくることがあります。まさにこれが、**演じることで脳のイメージが快感に変わり、消去学習が起きている現象です。**

私も以前、省庁を退職して起業したとき、最初は自分が経営者として身分不相応な感じがしていました。しかし、クライアントから経営者として見られる機会が多くなり、そうなろうと思って演じているうちに、だんだんと周りから「貫禄がでてきた」と言われるようになり、それなりの言動をしている自分に気づく瞬間がありました。

他の研究でも、**内向型の人は外向型の人の行動をまねると外向性が高まったり、幸福度も上がることも知られています**(35-36)。

自分でない人のフリをすると、いつの間にか性格が影響を受けてしまうことが、数々のリサーチからわかってきているのです。

理想の人の体の中に入ると、脳がシフトする

さらに最近は技術の進歩によって、バーチャルリアリティの世界で他の人の体に入ってもらうと、性格がシフトするという興味深い研究が、２０２０年に発表されています。

スウェーデンのカロリンスカ研究所の、イメージの中で友人の体の中に入ってもらうという実験です。[37]

友人同士33組それぞれにヘッドセットを装着してもらいます。自分がヘッドセットをつけると映像が見えるのですが、これは友人がヘッドセットで見ている世界です。

自分はまるで友人の肉体の中に入ったかのような感覚になります。実際に、研究者がナイフを友人に近づけると、被験者はまるで自分がナイフを突きつけられるように感じて、汗まで出てしまうほどリアルだったそうです。

この体験の前に、参加者は性格検査を受けていたのですが、**友人の体に入って数分たっただけで、性格検査の結果が、友人の性格に近づいている**ことがわかったのです。

しかも、性格のシフトは、友人の体にナイフを近づけたときの反応が高いほど大きくなったそうです。つまり、**リアルに相手の世界に入り込んだときほど、性格も大きく影響を受けた**ことを意味しています。

理想の人に近づくステップ

このようにフリをしたり、違う人になりきると、性格がシフトしていくことが数々の研究でわかってきています。なぜ、こんなことが起きるのか？　詳細はこれから解析されていくと思いますが、おそらくイメージするとミラーニューロンを通して、消去学習の神経系のネットワークが活性化し、性格が変化するのではないかと考えられています。

私も現場で１０００名以上の方に試してきましたが、性格が短時間で大きくシフトする人もいて驚くことがあります（もちろん個人差があります）。簡易版にはなりますが、次のステップを行ってみると、面白い体験ができるかもしれませんので、試してみてください。

イメージが得意でない人は、理想の人の写真を見ながらやっても効果的です。

●ステップ1：理想の人やこうなりたい憧れの人を特定する

尊敬する経営者、スポーツ選手、芸術家、建築家、歴史上の偉人、フィクションの登場人物（映画、アニメ、小説など）を一人決めてください。

●ステップ2：目を閉じて、理想の人をイメージする

目の前にあなたが理想とする人、尊敬する人をイメージします。どんな表情をしているでしょうか？　どんな服装をして、どんな雰囲気がするかを感じてみます。その人をみるとどんな気持ちになるでしょうか？

●ステップ3：イメージの中で一歩踏み込み、理想の人（憧れる人）の体の中に入ってみる

その素晴らしい感覚を感じながら、スーッと理想の人の体の中に入り込んでみます。そのとき、どんな呼吸をしているかを確認します。スピードは速いでしょうか。ゆっくりでしょうか。人を見るとき、どのように相手を見ているでしょうか？　どんな言葉が心の中から出てくるでしょうか？　どのように話しているでしょうか？　どんな手の動きをしているでしょうか？　無理に想像する必要はありません。おそらくこんな感じかなという形でも大丈夫です。

●ステップ4：しばらく、理想の人の感覚を味わう

体の中に入ったら、その中にいる心地よさを味わってみてください。

これまでと違って、人と話すときどのように話しているでしょうか？

息遣いはどのようになっているでしょうか？　どんな眼差しで相手を見ているでしょうか？

これまでと違って、どんなふうに相手の声が聞こえてくるでしょうか？

これまでと違って、どんな気持ちで相手に接しているでしょうか？
しばらく、味わったら、目を開けてみてください。

いかがだったでしょうか？　イメージが苦手な人もいるので、無理に明確にイメージしなくても大丈夫です。何となく、こんな感じかなというフィーリングがあれば、これだけで変化が起こる人もいます。

昔は科学の世界ではあやしげな部分もあったイメージの効果ですが、近年は脳にも影響することがさまざまな研究で実証されてきています。
真剣にやると効果が半減しますので、遊び感覚で肩の力を抜いて試してみてください。

余談ですが、以前、企業研修でスティーブ・ジョブズになりたいという人がいて、実際に入ってもらったことがあります。ワークが終わった後に、参加者全員が驚いたことがありました。

ご本人は気づいていませんでしたが、ワークを終えた本人の声が明らかに低くなって、まるでスティーブ・ジョブズのような声の質感になっていたのです。

最初は冗談かと思いましたが、自然にその声が出るようでした。その方は、ジョブズをこよなく愛している人で、何度も彼のアップル社製品のプレゼンの映像を見ていたそうです。おそらく無数のジョブズの音声情報が彼の脳内にあったため、その記憶が本人の何らかの神経ネットワークに結びついて影響を受けてしまったのかもしれません。


実際にそれ以降、ジョブズのようにアイデアまでどんどん出てくるようになり、本人も驚いていていました。

イメージだけで、頭がよくなるという研究は知っていましたが[38]、ここまでとは思いませんでした。実際にイメージが変わるだけで、頭のよさまで作り出すことができると知った貴重な体験でした。

私も仕事柄、講演会や研修などでも考え方をリセットするお手伝いをしますが、小さな行動をしてもらうことで、早い人では1ヶ月、長い人では半年から1年くらいかけて、確実に性格がシフトしていきます。

アプリで性格がリセットされる驚きの実験

もう1つ最近、世界で話題になった研究があります。それは「スマホのアプリによって性格が3ヶ月でシフトする」という驚きのデータです。
2021年、スイスのチューリッヒ大学で行われた1523名という比較的大きな規模のリサーチです。[39]
「PEACH」(PErsonality coACH)という名前のアプリで、「こういう性格になりたい」とチェックすると、そこから逆算して、アプリ内のチャットボットが行動の指示を出してくれます[40](研究用のアプリのため現在はクローズされていますが、メールアドレスや個人情報などを申請すれば、英語版を一部利用できるようです)。

たとえば、「外向的」になりたければ「もっと出会いを増やす」、神経症傾向を減らしたければ「頻繁《ひんぱん》に瞑想したり、感謝する」、「誠実性」を伸ばしたい場合は、「仕事から帰ったら自宅で1時間ほど、スキルアップのための課題に取り組む」など、指示が与えられます。

タスクを完了していないとプッシュ通知が届いて、行動を促進してくれるようになっています。

このアプリを3ヶ月間使ってもらい、理想の性格にふさわしい行動を続けてもらった結果、**アプリを使った人はそうでない人に比べて、明らかに理想の性格に近づいたことがわかったのです。**

しかも、この変化は参加者の主観だけではなく、周りの知り合いからの性格に関する評価も変わったそうです。**アプリを使用して3ヶ月後も、その変化した性格は維持されていました**（ちなみに、改善したい性格は、神経症傾向を減らす（26・7％）、誠実性を高める（26・1％）、外向性を高める（24・6％）、開放性を高める、協調性を上げるがそれぞれ4～7％だったそうです）。

なぜ行動をするだけでこのようなことが起きるのでしょうか。
その秘密は、行動と消去学習にあることがわかってきました。

行動で消去学習が起きる

サザンメソジスト大学とイリノイ大学は、最も性格が変わる行動はどんなものかを調べました。
その結果、こんなことがわかりました。[41]
「行動がうまくいったと思えたほど、性格が変わった」
つまり、脳が快感を感じることで、消去学習が起きていたのです。

逆に、**新しい行動をしてもうまくいったと思えなかった人は、なりたい性格と逆の性格になってしまった**そうです。これは恐怖学習が起きたことを意味しています。

行動が成功した場合は、脳がその快感を学習して「消去学習」が起きます。

たとえば、挨拶《あいさつ》が苦手だった人がたまたま近所の感じのよい人に挨拶をしてみたら、相手が満面の笑顔で「おはようございます！」と返してきました。すると、「挨拶って意外と気持ちいい、最高だな！」と思い、気持ちよくなります。まさに消去学習です。これまでの痛みがリセットされて、外向性もより自然と上がっていくことが期待できます。

しかし挨拶した人が、たまたま頑固な人でした。相手が無言でにらんでくる怖い体験をしたら、「もう二度と挨拶はするもんではない！」と心に誓うかもしれません。恐怖学習によって、脳は外向的な行動への苦手意識がより大きくなってしまいます。新しい行動をしても、逆に内向性が強化されてしまうのです。

性格をシフトさせたいときに、「行動すれば何でもよい」という訳ではありません。その行動が成功して快感を伴うことが大事だったのです。

そのためにも大切なことが、**「性格をシフトさせるためには無理な行動は大敵」**ということです。

小さな行動や目標を設定することが、これまでの痛みの学習をリセットさせ、消去学習を促進してくれます。

「性格をシフトするには、どんなに小さくても成功の数が大事だった」のです。

性格をシフトさせる１００の行動リスト

読者の方がより性格をシフトできるように、「性格がシフトしやすい１００の行動リスト」を用意してみました。

行動を変化させるアプリ「ＰＥＡＣＨ」にも入っている具体的な70以上の行動リストと、ハーバード大学の行動分析学者バラス・スキナーが提唱する「スモール・ステップス」という学習理論を認知行動療法に応用したもので、実行可能な小さなプロセスをリスト化したものです。[42]

まずは、このリストの中でやってみたい行動をいくつか選んで、その中から毎週４つ実践しやすいものを選んで実行してみてください。

そして、成功したことを週末にパソコンやスマホ、ノートなどに記録します。

翌週になったら、さらに新しい４つの行動を選んでみます。前週よりも難易度を少しだけ上げてみるのもおすすめです（「プロジェクトのリーダーをかって出る」などの難易度がかなり高い行動よりも「ＳＮＳで前向きなコメントしてみる」などギリギリがんばればできそうなものを選ぶほうがベターです）。

これを１～数ヶ月実践してみると、成功体験が増えることで、消去学習が起き、性格がリセットされ成長していく効果が期待できます。無理のない範囲で実践してみてください。

神経症傾向が高い人は、まずは神経症傾向を下げるための行動を実践すると変化がスムーズになります。内向型の人は神経症傾向が下がると、社会的スキルが高まりやすくなることもわかっています。[43]

シフトさせたい性格だけでなく、いつもはあまりやらないようなバリエーション豊かな行動も取り入れると、より変化が実感しやすくなることがあります。

ちなみに、内向型の人は、誠実性と人間関係に関するスキルが高まると幸福度が高まります。[44]「食器は使い終わったら、すぐに片付ける」など、どんな小さなことでもよいので、誠実性を高める行動ができると、幸福度が上がるということです。

第3章でも述べましたが、外向的な人と内向的な人は、全く真逆の行動をしているという訳ではありません。2万人のリサーチからも、外向型と内向型は意外と行動が重複する部分が多いことが知られています。

外向的な人は内向型よりも、5〜10％だけ中程度の外向的な行動が頻繁に見られることがわかっています。

つまり、**内向型の人は5～10％だけ外向的な行動ができれば、外から見ても外向型のタイプになれるということです。**

少しだけ外向的、ちょっとだけ誠実性のある行動をとると、脳が消去学習によってシフトしていきます。是非、楽しみながら実践してみてください。

１週間かけて４つの行動を実践できたら、さらに少し高いレベルの行動にチャレンジするとより性格がシフトしやすくなります。

性格をシフトさせる100の行動リスト

1
ネガティブな感情をしばらく観察してみる

2
背筋を伸ばして、胸の位置を1ミリだけ上げて歩いてみる

3
歩幅を2センチだけ増やして大股で歩いてみる

4
気持ちがマイナスになったら、深呼吸する

5
気になることがあったら、朝起きてすっきりするまで気持ちを書き出す

6
一日の自分の感情を全て書き出す

7
目が覚めたら、空気を吸えること、平和な世の中に生きていることに感謝する

8
たくさんの笑顔が目の中に入ってくることを想像してみる

9
エレベーターやエスカレーターは使わず、階段で上がってみる

10
好きなことに一日5分だけふれる

11
ストレスを感じたら、自分よりも恵まれない人がいることを想像する

12
今日成功したことを5つ書き出してみる

13
過去に楽しかった思い出の写真を部屋に飾ってみる

14
自分が幸せを感じるものをスマホで撮影する

15
頭・目の周り、あごなど力が入りやすい部分（筋肉）をゆるめるイメージをする

16
朝起きたら「今日は幸せになること」を選択します」と言ってみる

17
不安を感じたときは「あなたは不安を選択している自分を許します」と言ってみる

18
心の中の声の大きさを1・5倍にしてしゃべってみる

19
誰かにほめられたら、いつもより大きな声で「ありがとう」と言ってみる

20
一日に5分だけヨガ、ストレッチ、運動など体を動かす時間をつくる

21
ゆっくりと美味しいものを味わい、素材本来のその味に気づく

22
人生で一番笑ってしまったことを思い出す

23
「すごいね！」「このソファは快適だよ」「音が素敵だよ」と小さなことをほめてみる

24
人のために小さな親切をしてみる（ドアを開けてあげるなど）

25
落胆したときは「心配事の9割は起こらない」と言ってみる

26
誰かに怒りやイライラを感じたとき、2分ほどその人のよい点を想像してみる

27
声を出して笑うイメージをしてみる

28
ポジティブな感情を感じたら、少なくとも2分心の中でそれを深く探求してみる

29
少なくとも1分間、自分のよい点や長所を書き出してみる

30
人に助けを求めてみる

31
親しい人と何か楽しいことをしてみる

32
努力して最善を尽くしたら、あとは天にまかせてみる

33
他の人に感謝の気持ちとその理由を伝える
34
ネガティブな考えのポジティブな側面を探してみる
35
「嫌いな人を許せない自分を許します」と言ってみる
36
神社・仏閣、大自然などのパワースポットに行ってみる
37
「つかれた」ではなく「充電中」と言ってみる
38
子どもの頃、親に言えなかったことを、言ってみる
39
寝る前に明日楽しみなことを一つ考えてみる
40
心を許せる人と少なくとも1時間過ごしてみる
41
不都合な出来事が起きたら「この出来事は、私の成功にどのように役立つだろう？」と問いかけてみる
42
人から批判を受けたら「小鳥のさえずり」と言ってみる
43
心配事があったら、人に話してみる
44
未来でも過去でもなく、今この瞬間を最大限に楽しんでみる
45
過去に成功したときのことを思い出す
46
決断に不安を感じたときは、選択肢の長所と短所のリストを作成してみる
47
これまでの人生でどんなよいことを引き寄せてきたかを書き出す
48
過去にあなたを傷つけた人を特定し、彼らを許すことをイメージする
49
寝る前に「今日は人間関係でどんなよい体験があったか？」を振り返る
50
SNSで前向きなコメントをしてみる

51
周りの人と天気や最近話題になっていることを雑談してみる
52
レジの人に「どうも／ありがとう」などお礼の言葉をかけてみる
53
初対面の人に会ったら、尋ねてみたいことをリストアップしてみる
54
同僚や友人にコーヒーを飲みながら、自分の印象を尋ねてみる
55
普段ゆっくりしているとき、外に出て何かアクティブなことをしてみる（たとえば、芸術やスポーツ、友達に会うなど）
56
相手に「どんな仕事をしているんですか？」「なぜ、その仕事に就こうと思ったんですか？」と聞いてみる
57
最近起きた面白い話をメモして、誰かに話してみる
58
誰にも話したことのないことを、誰かに共有してみる
59
あまり話したことのない人に挨拶してみる
60
ブログやＳＮＳで楽しい体験や面白い情報をアップしてみる
61
カフェやレストランの店員におすすめを聞いてみる
62
誰かが意見を求めてきたら、自分の気持ちをそのまま素直に伝えてみる
63
友人や知り合いを呼んでホームパーティーをしてみる
64
授業や会議で手を挙げてみる
65
誰かをお茶や食事に誘ってみる
66
しばらく会っていない人に連絡してみる
67
親しい人に問題や悩みを話してみる

68
お酒が飲めて人と交流できる場所に行き、新しい人と会話してみる
69
プロジェクトのリーダーをかって出る
70
ボランティアのイベントに参加してみる
71
自分を頼りにしている人のリストを書き出す
72
よく寝る
73
食器は使い終わったらすぐに片付ける
74
先延ばしにしていることを考え、なぜ自分がそうしているのか理由を考える
75
5分かけて人間関係で感謝していることのリストを書き出す
76
瞳に笑顔を映して話してみる
77
何かをお願いするときは「お願いすることは可能ですか？」「ありがとう」と言ってみる
78
エレベーターを出るときは、ボタンを押して相手に先をゆずる
79
今日誰かが自分にしてくれたよいことを書き出す
80
普段は言わない人に「ありがとう」と伝えてみる
81
愛する人や大切な人（友人、家族など）のよい点について考えてみる
82
コンビニやカフェのレジ前のボックスに慈善寄付する
83
友人に励ましのメッセージを送信してみる
84
友人や家族に心からの小さな賛辞を贈ってみる（相手の好きな部分を伝えて、相手の性格を心からほめてみる／親切に対する感謝のメッセージ、手紙でもＯＫ）

85
意地悪なことを言いたくなったら、思わず笑ってしまった馬鹿げたネタを思い出す
86
周りの人が自分と約束を守った回数のリストを作成してみる
87
相手の話に敬意を払って、真剣に耳を傾けてみる
88
これまで見たことのない新しい映画や動画を見てみる
89
レストランで、これまで食べたことのない新しいメニューを選ぶ
90
自分の価値観や仕事とは全く異なる人と話す時間をつくる（人種、職種など）
91
これまでにやったことのない新しいアクティビティを実践してみる
92
何か美しいもの（自然や芸術など）に気づいたら、周りにシェアする
93
車を運転するとき、他の車に前を譲ってあげる
94
請求書を受け取ったらお金をすぐに支払う
95
もっとうまくやれたことを書き出して、それを実行する
96
誰かにコーヒーや飲み物を一杯おごってあげる
97
人に親切で優しい人に、そのようになった動機を尋ねてみる
98
「何か手伝おうか？」と相手に聞いてみる
99
意見に同意できないときは、素直に相手の視点に立って、なぜ相手がそのように感じるのか理解しようとしてみる
100
尊敬する人、憧れる人に1日1分だけなりきってみる

第 7 章

1分で
モヤモヤが消える
「ゾーン体操™」

人生を変えるのにそれほど時間はいらない

何度もお伝えしていますが、自分に内向性があることを認めている人は、幸福度が高くなることがわかっています。ここまで内向型のしくみを理解することで、幸福度が上がってきた人もいるかもしれません。実際に私もこの事実を知って、大きな力をもらえました。内向性は素晴らしい才能の一つなんだと思えるようになりました。


この時点で、まだマイナス思考な人がいるとしたら、それは内向性とは全く違うところに原因があります。

それが今回何度も出てきている「神経症傾向」という傾向です。普通の人よりもマイナスな出来事に大きく反応して痛みを感じるため、恐怖学習が多くなり、過去にうまくいかないと思った出来事が多くなります。そして、過去に起きた事実を認知して、自分はうまくいっていないと誤った判断をします。

また、神経症傾向と同時に、「協調性」が高すぎても、人に合わせすぎるためマイナス思考がより強くなります。相手が何か悪いことを考えているのではないかと疑ってしまうのです。

さらに「誠実性」が高すぎても、ルールを守りすぎたり、自分に厳しすぎて、「こんな自分ではダメだ！」と自分を責めてしまい、よりマイナスになってしまいます。

この3つの性格**「神経症傾向」「高すぎる協調性」「高すぎる誠実性」**は、生まれながらに持っている気質もありますが、それよりも後天的な体験によって、必要以上に強くなっている人も多かったりします。

だから、**後天的なパターンをリセットできると、考え方や行動も子どものように柔軟になったり、随分と楽になったりする人もいます。**

とはいえ、普通に生活しているだけでは、一度できてしまったパターンをリセットするのに多くの時間がかかります。当時は大変だったと思うことでも、今になって振り返ると「あのことがあったから今がある」と思えることがあるかもしれませんが、これは時間をかけて起きた消去学習です。

しかし、現代では性格がシフトするにはそこまでの時間は必要ありません。信じられないかもしれませんが、たった1分で後天的な記憶がリセットできる画期的な方法を紹介します。

私がこれまで15年かけて開発した「**ゾーン体操™**」です。

これは、マイナスな感情を改善する目の動きを使った「EMDR」(Eye movement desensitization and reprocessing)という方法をベースに、より簡単で、日常生活に取り入れやすいように、私がアレンジした新しい方法です。[1]

簡単にいうと、体の動きを使って、脳のパターンをリセットする方法です。

体の動きで脳のパターンがシフトする

この「EMDR」は、本来、第三者にやってもらうものとして開発されたもので、一人で行うと効果が下がってしまうことがわかっていました。人からくすぐられると反応しますが、自分でやってみてもあまり笑えないのと同じような現象です。

しかし、長年の研究で、一人でも高い効果を発揮できるように開発したのが、世界初の「ゾーン体操™」です。


一つは目の動きを使います。もともと過去の研究でも、目を左右に動かすと脳が動いて、脳の認知をリセットする効果の存在が数多く発表されていました。

少し難しい言葉にはなりますが、正式には「**眼球運動による脱感作&リプロセシング**」と呼ばれます。簡単に言うと、脳のパターンをリセットして、新しいプロセスを作っていく手法です。2021年に行われた373名を対象とした7つのリサーチのメタ分析でも、科学的に優位な効果があることが示されています。[2]

今回セットで行う体の動きは、私たちの体の感覚を活性化して、物事の捉え方を変化させます。たとえば、両手をあげて上を見てバンザイしながら、マイナスなことを考えようとしても、なかなかマイナスなことが考えられません。
人間は、特定の体の動きをしたときの感情を脳が記憶しており、特定の動きをすると感情が発生して、脳の認知が変わってしまうのです。(3)
「ゾーン体操TM」のプロセスを行うと、後天的に身についた性格のパターンが次々とリセットされていきます。古典的な動きを使った方法でも、19人中16人のストレスがなくなって、左脳の海馬の質量が増え、左脳の視床下部の灰白質が減少するなど、脳に物理的な変化が起きます。(4)目線を左右に動かすだけで、左右の脳が活性化して、記憶力まで高まったり、脳の状態が安定することもわかっています。(5-6)
これまで、2000名以上の人たちに提供してきましたが、多くの人が効果を実感している方法です。

目を動かすというのはシンプルに見えますが、**目は「心の窓」**とも言われており、自分の感情の状態によって目線が動くことが昔から知られていました。

近年では、ストレスを考えながら目を動かすだけで、意味記憶や心の理論を司る側頭極と中前頭回（前頭前野の一部）の連携が増えるため、**マイナス思考を高いレベルでコントロールできるようになる**こともわかってきています[7]。

日々の生活で余計な思考が入り込んでも排除する効果もあるようです[8]。

神経症傾向などの性格特性を下げる方法として、いま世界で最も信頼性が高く注目されている手法です。

「ゾーン体操™」の４つのステップ

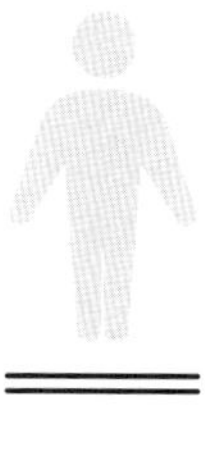

「ゾーン体操™」のやり方は、簡単です。

前準備：変えたい性格を特定し、10点満点で点数化する

まずは、**性格のうち、どんなものをリセットしたいか考え、一つに決めてください。**
次に示すのはあくまでも事例です。ご自身がシフトさせたい性格を考えてみてください。

【シフトさせたい性格（パターン）の事例】
・人の目を気にしすぎる
・話そうと思うと緊張する
・自分がどう見られているか不安だ
・まじめにやらなければならない（責任が重い）
・人に合わせなければならない／嫌われるのが怖い・悲しい
・人と比較して落ち込んでしまう（嫉妬してしまう）
・成果を出さなければならない（結果主義）
・完璧にこなさなければならない（完璧主義）
・特定の人が許せない・イライラする（怒りっぽい）

・失敗するのが怖い（慎重にやらなければいけない／怖がり）
・気持ちが上がらない（やりたくない）
・特定の出来事が忘れられない
＊これ以外にも仕事、恋愛、スポーツ、学習、健康などで感じるストレスや苦手意識を扱ってもOKです。

一度の「ゾーン体操™」でシフトできるのは、一つの性格（もしくは、性格を生み出している苦手意識／思考パターン）です。まずは、一番シフトさせたいと思うものを決めてみてください。

ポイントは、「人に話しかけられるようになりたい」と、理想のすがたを言葉にするのではなく、「人に話しかけるのが怖い」と、問題となっている性格やパターンを言葉にすることです。

また、そのリセットしたい性格について、あなたはどのくらいの痛みを感じるでしょうか。「人に話しかけるのが怖い」というつらさは、どの程度の大きさでしょう。

「ゾーン体操™」の動画は
こちらでご覧いただけます。

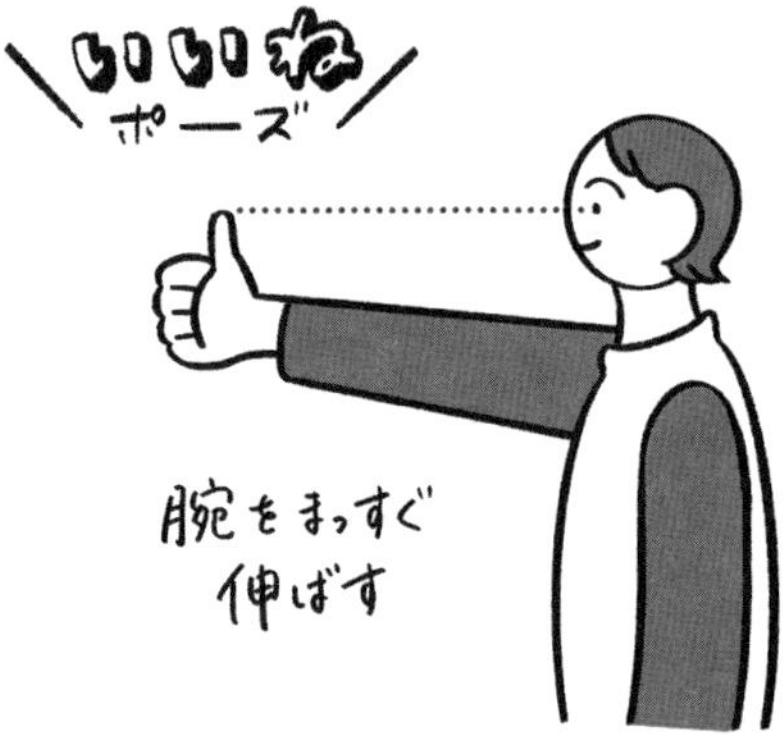

人に話しかけることが「全く怖くない」状態が0点だとしたら、10点満点で何点くらいでしょうか。何となくこのくらいかなというもので大丈夫ですので、点数をつけてみてください。

ステップ1：立った状態で、利き手をまっすぐ伸ばし、親指を立てて前に差し出す

リセットしたい性格が決まったら、体操をはじめます。
立ち上がって、片腕をぐっと目の前に、水平に伸ばしてください。
まっすぐに伸ばした手の親指を立ち上げます。いわゆる「いいね」や「サムズアッ

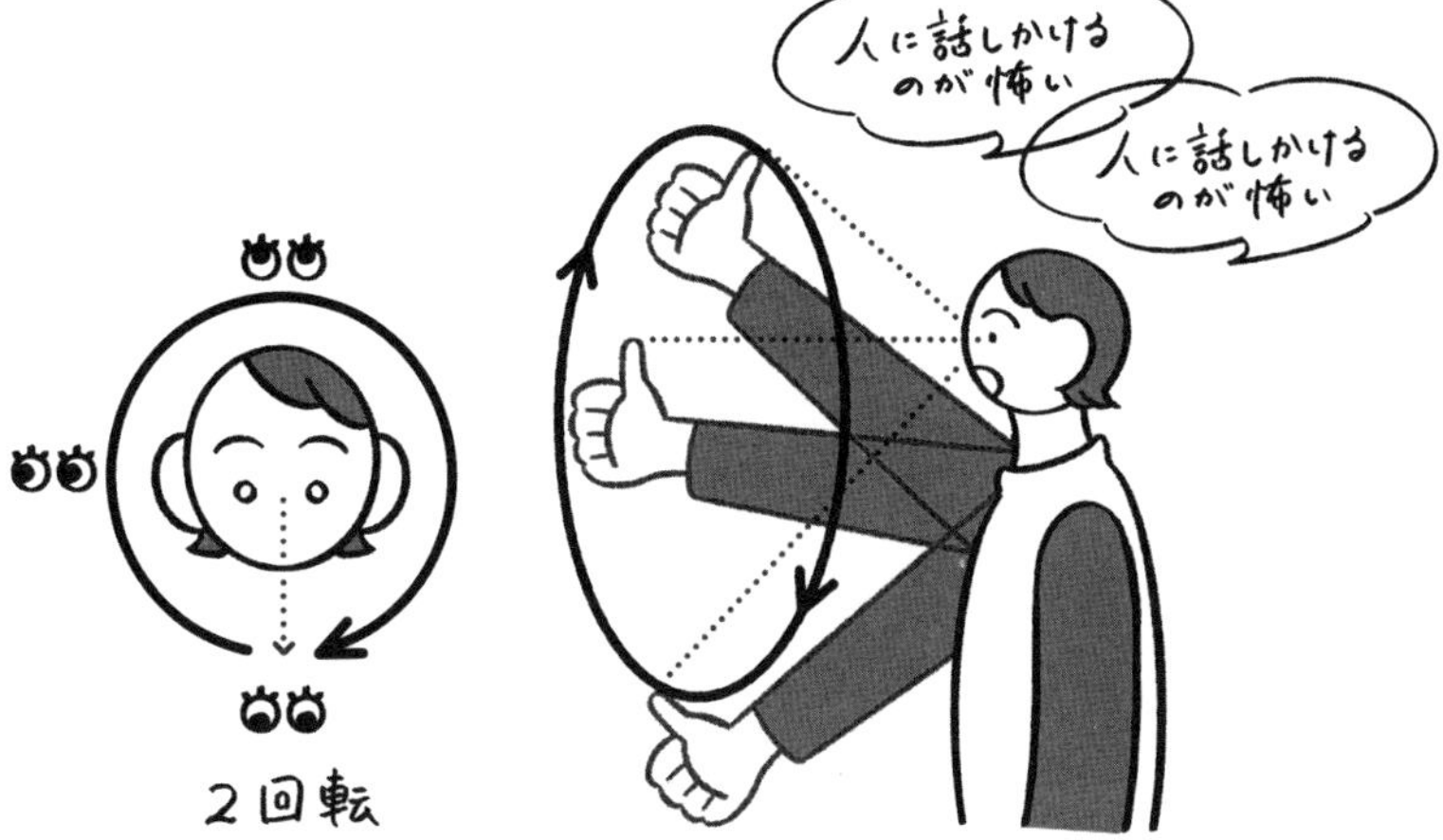

プ」のポーズです。

ステップ2：まっすぐ伸ばした親指を見つめ、リセットしたい性格を口にしながら、腕を2回ゆっくりと大きく回す（この間、顔は動かさず目線だけでずっと親指を追う。その間、直したい性格を口にし続ける）

立ち上げた親指をじっと見つめ、意識を集中し、リセットしたい性格を口に出してください。さきほどの例で言えば、「人に話しかけるのが怖い」と、リセットしたい性格を声に出して言いながら、腕をまっすぐ伸ばし、ゆっくりと大きく2回まわします（右回りでも左回りでもかまいません）。個人

差はありますが、早すぎても効果はありませんので、目安としては1回転につき5～10秒かけてしっくりくる速さで回します。その間、顔は動かさず、目で親指を追いながら回してください。

ステップ3：2回転したら、今度は反対に腕を大きく2回動かす。その間、直したい性格を口にし続けながら、ずっと親指の動きを追う

ステップ2と同様に、リセットしたい性格を復唱しながら腕を反対にゆっくりと動かします。このときも、顔は動かさず、目線だけで親指の動きを追っていきます。

ステップ4：親指を顔の目の前に持ってきて、最後に、腕をぐっと前に伸ばしてグッドポーズ

リセットしたい性格を声に出し続け、親指を自分の目線の前（5～10センチほどの距離）に持っていきます。そして、親指を見続けながら、そのまま腕を前にスーッとゆっくり伸ばし、最終的に「グッド」の決めポーズをします。心の中で「グッド！」という声が思わず出てくる人もいます。いずれにしても、最後はグッドの決めポーズで終わりです（わかりづらい場合は、QRコードの動画を参照ください）。

変化の確認：ステップ1の前につけた点数が何点になっているか、再度10点満点で点数化する

気持ちがどのくらい変化したか、同様に点数をつけてみてください。すると、「人目を気にしてしまう」というのが**最初10点だった人が、8点になったり、5点になったり、2～1点になる人もいます。**変化は人それぞれです。**1点でも変化したら、それはすごいことです。**たった1点と思われるかもしれませんが、この1点を下げるために、日常生活を送っているだけでは、数ヶ月～数年かかることもあります。そんな変化が、この一瞬で起きるのです。

点数が下がった原因は、消去学習が起きたからだと考えられます。つまり、「人目」＝「大きな痛み」だった記憶が、「人目」＝「中程度の痛み」～「小さな痛み」「痛みも感じない」というレベルに、脳のパターンがリセットされたのです。

これまで15年ほど、クライアントをモニターしていますが、今回の手法を利用した本格的な方法で性格のリセットを行うと、たった1回の体験で、その後10年以上も効果が維持されています。

通常、消去学習は自分で物理的に新しい体験をしなければなりません。しかし、この**「ゾーン体操™」を利用すると、新しい体験をしなくても、短時間で消去学習を行ったのと同じ効果が得られます。**

ご紹介した方法はあくまでも入門編ですが、これを応用していくと、子どもやスポーツ選手の集中力や学習能力を高めたり、恐怖症や苦手意識まであらゆる分野の問題を改善することができます。まず本書では、入門編として自分が改善したい性格に特化して練習してみてください。

内向的だと思っていた人が実は外向的だった？

ここで「内向性と性格のリセット」についてより理解するために面白い事例をご紹介します。

私は講演会などでたくさんの方々にお会いしますが、ある日「内向的な性格を変えたいんです」という一流企業の男性がいました。「いつも人のことを気にしてしまって、そんな自分が嫌になるんです」というのです。

しかし、調べてみるとその人は決して「内向的」ではなく、「外向型」であることがわかりました。

彼は地方から東京に憧れて上京し、フレンチやイタリアンなど高級レストランを好み、ファッションにもお金をかけるほうでした。上昇志向が強く、いずれは会社の幹部になりたいと言っています。外側の報酬に大きな快感を感じるタイプで、明らかに外向性の特徴を持っています。

本人もビックリしていましたが、この男性が人目を気にしてしまう原因は、決して内向的だからだった訳ではなく、他の性格が原因だったのです。

それは「協調性」と「誠実さ」の2つの性格が高すぎたことでした。つまり、人に合わせなければいけないと考えすぎたり、相手からの期待に必ず応えなきゃいけないと考えすぎたり、人に対して完璧な自分を演じてしまっていたようです。

海外の研究でも、誠実性が高すぎるとマイナスの影響があることが報告されています。何事も行き過ぎはよくなく、適度なバランスが大切なのです。

しかも彼は、人に期待されると頭の中が重く暗いグレーになるらしく、気分も沈んでしまうとのことでした。

そこで彼に「完璧にやらなければいけない」「完璧にやらなければいけない」と言ってもらいながら、「ゾーン体操™」をやってもらいました。すると終わったあと、完璧にやらなければいけないという点数が10点から、なんと2点になっていました。

加えて、頭の中もグレーではなく、明るい白に変わっていたそうです。

昔は「完璧にやらなければいけない」と考えると肩に力が入ってしまい、眉間にシワがよってしまっていたのですが、体操後は言葉を発してもとても穏やかな気持ちになったそうです。

それ以来、仕事でもリラックスできるようになり、むしろ仕事の効率が上がりました。

人に対しても完璧を求めないようになり、人間関係でもストレスを感じないようになったとのことでした。

別の日に「人に合わせなければならない」というテーマで、「ゾーン体操™」をやってもらいましたが、これによって、それ以来、人に過剰に気を遣わなくなっていました。

人のことを考えるだけで頭の中がグレーになっていた彼が、今では人と話すと楽しくて、頭の中はまるで太陽のようにまぶしい黄色の光が輝いているような感覚を覚えるとのことでした。

それからもずっと、人との会話が楽しい人生を送っているようです。

今回はあくまで「ゾーン体操™」の入門編を扱いましたが、応用は無限です。まずは軽いものからやってみるとより効果を実感しやすくなります。

私たちの性格や考え方は、全てこれまで生きてきた「記憶の集合体」です。もし普段の生活で苦手意識を感じる場面があるとしたら、そこには必ず痛みの記憶が存在します。

もし全ての痛みの記憶がリセットできたら、一体どうなってしまうのかを想像してみてください。

それが私たち本来の姿であり、そこにはリラックスして自然体なのに、なぜか内から強いエネルギーを放つ自分がいる、そんな状態にいずれ驚くときがやってくるかもしれません。

「ゾーン体操™」の補足

「ゾーン体操™」にトライしてみて、いかがだったでしょうか。

もちろん、変化の質には個人差があります。たまに「よくわからない」という人もいます。点数も主観的なため、実際は変化していても個人の感覚では変化していないように思えることもあります。しかし、他者から見ると性格が明らかにシフトしているとわかるケースもあります。

数多くの事例を経験してきたことで、「変化を感じにくい」場合の原因がわかってきていますので、いくつかご紹介したいと思います。

原因1 真剣にやりすぎている可能性

私たちの脳は真剣にやりすぎてしまうとストレスが発生するため、十分に活性化できず、変化が促進されにくいということがありまず、**真剣になると、脳にグルタミン酸がたまってパフォーマンスが落ちてしまいます**(9)。頭と肩の力を抜いて、リラックスした状態だと効果をより発揮しやすくなります(10)。まずは自分が真剣にやりすぎていないかどうか、確認してみましょう。

原因2

先入観が強く、小さな変化に気づけていない可能性

これもよくあるパターンですが、「変化＝大きなものだ」というイメージがある人がいます。**「変化は大きいものだ」というバイアスがあると、大きいものしか変化と感じられないため、小さな変化に目が向かない**ケースがあります。結果主義、成果主義の人にも多いケースです。私も昔は大きなものばかり求めて幸せを感じられない人間でしたが、小さなことの中に幸せがあると気づいてからは、より幸せを感じる頻度が増えました。
食べ終わることだけを考えてがむしゃらにものすごいスピードで食べるのではなく、食べているプロセスを楽しめる人は、小さな変化にも気づきやすい傾向があります。

原因3

「痛み」のレベルが大きい可能性

リセットしたい性格やストレスの「痛み」があまりにも大きく、変化に気づきにくいケースもあります。過去の体験が大きなトラウマのようになっている場合、「痛み」が10点どころか、100点、1000点くらいの大きさになってしまっている人もいます。100点の痛みが97点になっても、痛みが大きいことには変わりないので、自分の変化に気づきにくいケースです。このような場合は、時間を置いて、何度か繰り返し「ゾーン体操™」をしてみると、痛みの大きさが確実に減っていくことがあります。

原因 4

表面的な問題を扱っている可能性

「こういう自分がイヤ」だと思うのならば、「なぜ、自分はイヤだと思ってしまうのか？」という理由まで掘り下げられると、より深い効果を得られることがあります。
たとえば、「高圧的な人がいると、自分の意見を言えなくなる」という悩みがあるとします。その場合、「なぜ、意見を言えなくなるのか？」を考えると、「攻撃されるのが怖い」という本質的な原因が出てくる場合があります。そのときは、「攻撃されるのが怖い」と口にして「ゾーン体操™」をしたほうが、より高い効果を発揮できる場合があります。

原因 5

プロセスそのものがうまく機能していない可能性

きちんとやっているつもりでも、間違った方法で行っている場合があります。正しい方法で行っていない場合は、脳の中で正しいプロセスがどうしても起きません。

- 腕はまっすぐ伸びているでしょうか？
- 腕を回すとき、目だけでなく顔も一緒に動いていないでしょうか？
- 回すスピードが速すぎて目線がついていっていない可能性はないでしょうか？
- 声に出して言葉を言っているでしょうか？

座ってやっていないでしょうか？

1日に何度もやりすぎていないでしょうか？

ゲーム感覚でリラックスしてできているでしょうか？

「変わりたくない」とそもそも思っていないでしょうか？


いずれにしても、変化を感じにくい場合は、何らかの原因が考えられます。特に「変化するのが怖い」「私は変化できない」と過去の体験から信じてしまっている人は、変化しにくいことがわかっています。

また、短い時間で何度も「ゾーン体操™」を行う人がいますが、あまりやりすぎると、脳が動きを予想して、効果が薄まってしまうケースもあります。そのため、1日に最大2回くらいを目安に行いましょう。気になるものがあれば、継続することで徐々に変化を感じられるようになっていきます。

「こんなことで本当に変わるのか」と思うこともあるかもしれません。私も科学者として、全く同じ疑問を感じた人間の一人です。

しかし、長年、この仕事をしてきて思うことは、**人は大きなことではなく、意外と小さなことで大きく変わる**ということでした。角度がたった一度変わるだけで、その後の人生の角度は時がたつほど、さらに大きくなっていきます。**小さなことが遠回りなようで、結果的には、性格を変える最短の道**なのです。

どんなに小さくても正しい方法を積み重ねていけば、あるときふと、「人と話すのが怖くなくなった自分」「相手の顔色が気にならなくなった自分」「自分の気持ちを大切にできている自分」に気づいて驚く瞬間があるかもしれません。

おわりに

私は30歳のとき、難病を宣告されました。

当時日本に1100人しかいない免疫の病気で、最初に聞いたときは目の前が真っ暗になりました。

正直、人生を諦めようと思いました。

それをつなぎとめてくれたのが、当時結婚して3ヶ月目だった妻の存在でした。

今でも忘れられませんが、彼女は毎朝病院にお見舞いにきてくれて、私の手を握ってこう言ってくれたのです。


「きっと治るよ」

短い言葉でしたが、手の温かい温もりとともに、私の心の中にも、大きな何かが流れ込んでくる感覚がありました。

このとき、突然、子どもの頃の私の映像が蘇ってきたのです。

まだ私が小さな頃で、自然がいっぱいの中で育ち、見るもの全てが新鮮で、好奇心いっぱい。近所の子どもたちと無心になって遊んでいました。こんなに幸せな時代があったんだと思うくらい、日々が満たされていました。

しかし人とは悲しいもので、いつしか受験で大学に進学し、競争社会に巻き込まれ、常に理想ばかりを追いかける日々。そして人間関係にもつかれて、孤独で一人でいたいと思うこともしばしばありました。

でも、私はこの瞬間、見てしまったのです。こんなに幸せだった小さい私。本来の私はこんな存在だったんだ。またこうなりたい。妻の温かい言葉によって、本当の自分の気持ちに気づくことができました。

それから3年の月日が流れました。

闘病生活は続いていましたが、「免疫の病気はストレスが生み出している」という画期的な論文との出会いがありました。

当時、自分の性格が嫌だった私は、ストレスまみれでした。病気を治すためには、このストレスを生み出している「性格そのもの」を改善しなければいけないと確信しました。そうして、脳を研究して行き着いた先が、これまで開発してきた80以上の性格リセット法だったのです。

徹底的にストレスを生み出す性格をリセットしていくと、半年がたったとき、私の病気はなくなっていました。

ストレスがなくなって、病気も自然と消えてしまったのです。とても感動しました。

今、私はこの方法を多くの人たちに伝えることをライフワークとして、社会に貢献する活動を行っています。私自身、一度は人生を諦めかけた身でしたが、こうして元気になれたのは科学者として何か役割があるのではないかと感じています。

変化するために、私たちは大きなことをしなければならないと思ってきたかもしれませんが、決してそうではありません。

内向性を認める、環境を変える、行動を変える、付き合う人を変える、目の動きを変えてみるなど、日々の小さなことが私たちを見たことのない世界へと誘ってくれることがあります。

これから、私は日本だけでなくアジアでも、こういった最新の内容を多くの人に知っていただく活動に注力していこうと思っています。

人には無限の可能性が眠っていると言いますが、科学の現場でも本当にその通りだと感じます。人と知識、人と人との素晴らしい出会いが、子どもやアスリート、ビジネスマンまで大きく変えていきます。

性格と人生はシフトできる。性格には才能を超える素晴らしい力がある。まずはあなた自身にかけられた魔法を解いていってください。そしてその体験を一人でも多くの人に広めていただければ嬉しく思います。

脳科学者　西剛志

参考文献

はじめに

1　性格のよさと成功の関係／Belle, Nicola, and Paola Cantarelli. 2023. "Give, Take, or Match? Styles of Reciprocity, Job Satisfaction, and Work Motivation." Public Administration Review 1-16.
2　性格がよいことと悪い人に対して対処する力が大切／Robert, Axelrod, "The Complexity of Cooperation: Agent-Based Models of Competition and Collaboration (Princeton Studies in Complexity Book 3)", Princeton University Press (1997/8/18)
3　性格は才能を超える／Borghans L, Golsteyn BH, Heckman JJ, Humphries JE. What grades and achievement tests measure. Proc Natl Acad Sci U S A. 2016 Nov 22;113(47):13354-13359
4　性格は、仕事だけでなく人生のあらゆる重要な要素を予測できるものとして信頼性が高い／Roberts BW, Kuncel NR, Shiner R, Caspi A, Goldberg LR. The Power of Personality: The Comparative Validity of Personality Traits, Socioeconomic Status, and Cognitive Ability for Predicting Important Life Outcomes. Perspect Psychol Sci. 2007 Dec;2(4):313-45
5　パーソナリティ研究の父とも言われるハーバード大学の心理学者ゴードン・オールポートの性格の定義：「性格とはある状況で何度も繰り返される思考パターン」／Allport, G. W. (1961). Pattern and growth in personality. Oxford, England: Holt, Reinhart & Winston
6　90歳まで神経新生が起きる／Moreno-Jiménez EP, et.al.,"Adult hippocampal neurogenesis is abundant in neurologically healthy subjects and drops sharply in patients with Alzheimer's disease", Nat. Med., 2019, Vol.25(4), p.554-560

第1章　「内向型」と「外向型」——本当の自分はどっち？

1　外向型は人の顔に注意を向け、内向型は人よりも花に興味がある／Fishman I, Ng R, Bellugi U. Do extraverts process social stimuli differently from introverts? Cogn Neurosci. 2011 Jan 1;2(2):67-73.
2　HSP(Highly Sensitive Person)の人はポジティブなイベントでは幸せになりやすい／Iimura S. Highly sensitive adolescents: The relationship between weekly life events and weekly socioemotional well-being. Br J Psychol. 2021 Nov;112(4):1103-1129.
3　外向型は優れたコミュニケーターやリーダーになりやすい／Bradley J. H., Hebert F. J. (1997). The effect of personality type on team performance. J. Manage. Dev. 16, 337-353. 10.1108/02621719710174525
4　外向型はリーダーとして頭角を現しやすい／Grant A. M., Gino F., Hofmann D. A. (2011). Reversing the extraverted leadership advantage: the role of employee proactivity. Acad. Manage. J. 54, 52-550. 10.5465/AMJ.2011.61968043
5　セールスでは両向型が最も売り上げ、2位は内向型、3位は外向型／Adam M. Grant "Rethinking the Extraverted Sales Ideal The Ambivert Advantage" (2013)
6　保険のセールスでは相手に親切にする人ほど、保険の契約数、収入、ノルマの達成額が高くなる／Philip, M. et.al., "Organizational Citizenship Behaviors: A Critical Review of the Theoretical and Empirical Literature and Suggestions for Future Research", Journal of Management, 2000, Vol.26, p.513-563
7　多くの親切な行為を通して相手への信頼感が高まると、大胆な提案をされても受け入れやすい／Adam, M. et.al., "Getting Credit for Proactive Behavior: Supervisor Reactions Depend on What You

Value and How You Feel", Personnel Psychology, 2009, Vol.62, p.31-55
8 製品のよさよりも相手との信頼関係が商品の購入決定に2倍も影響／Frenzen, J.R., & Davis, H.L. "Purchasing behavior in embedded markets", Journal of Consumer Reserch, 1990, Vol.17, p.1-12
9 トップアスリートの10人に9人は内向型／Eric Barker,"Barking Up the Wrong Tree: The Surprising Science Behind WhyEverything You Know About Success Is（Mostly）Wrong"
10 一流のバイオリンのトッププレーヤーの90％が「一人での練習」を大切にしていた／Anders Ericson & Robert Pool,『Peak: Secrets from the New Science of Expertise』, Houghton Mifflin Harcourt , 2016
11 私たちは人の顔を見ただけでも性格を推論する／Todorov A, Mandisodza AN, Goren A, Hall CC. Inferences of competence from faces predict election outcomes. Science. 2005 Jun 10;308（5728）:1623-6.
12 特定の行動に関する文章を読むだけで無意識に性格の推論をする／Uleman, J.S. et. al. "People as flexible interpreters: Evidence and issues from spontaneous trait inference. In M.P. Zanna（Ed.）, Advances in experimental social psychology, Vol.28, SanDiago, CA: Academic Press, p211-279
13 無意識の閾下呈示でも性格の推論は起こる／Stapel DA, Blanton H. From seeing to being: subliminal social comparisons affect implicit and explicit self-evaluations. J Pers Soc Psychol. 2004 Oct;87（4）:468-81.
14 他人のほうが客観的で自分を正しく評価できる／Jackson, J.J., Connolly, J.J., Garrison, S. M., Leveille, M.M., & Connolly, S. L.（2015）. Your Friends Know How Long You Will Live:A 75-Year Study of Peer-Rated Personality Traits. Psychological Science, 26（3）, 335-340.
15 確証バイアス／Kappes, A., et al. "Confirmation bias in the utilization of others' opinion strength". Nat. Neurosci., 2020, Vol. 23, p.130-137
16 ペンシルバニア大学のスコット・バリー・カウフマン博士／http://scottbarrykaufman.com/research/
17 内向型は40％、外向型は40％、両向型は20％存在／https://dialoguereview.com/introvert-extrovert-or-somewhere-in-between-we-are-all-ambiverts-now/
18 人見知り（シャイネス）はインドでは47％でイスラエルが最も少なく、日本が最も多い／Carducci, B. J., & Zimbardo, P. G.（1995, November）. Are you shy? Psychology Today, 28, 34-40
19 人見知りは約31～55％の人が体験／Weiner, I., & Craighead, E.（2010）. The Corsini encyclopedia of psychology（4th ed.）. New York, NY: John Wiley.
20 人見知りの人は対人関係や仕事でも支障が出る／Henderson, L., & Zimbardo, P. G.（2001）. The Henderson/Zimbardo Shyness Questionnaire: A new scale to measure chronic shy- ness. Berkeley, CA: The Shyness Institute.
21 人見知りは自分にフォーカスして頭がいっぱいになる傾向／Crozier, W. R.（2002）. Blushing, shame and social anxiety. In P. Gilbert & J. Miles（Eds.）, Body shame: Conceptualization, research and treatment（pp. 205-218）. London, England: Brunner-Routledge.
22 人見知りは赤面したり心拍数が上がりやすい／Afshan, A., Askari, I., & Manickam, L. S. S.（2015）. Shyness, Self-Construal, Extraversion–Introversion, Neuroticism, and Psychoticism: A Cross-Cultural Comparison Among College Students. SAGE Open, 5（2）. https://doi.org/10.1177/2158244015587559
23 人見知りは、初めての人や権威のある人、集団で恥ずかしさを感じる／D'Souza, L., Gowda, H. M. R., & Gowda, D. K. S.（2006）. Shyness and fear among high school students. Pakistan Journal of psy- chological Research, 21, 53-60.
24 人見知りの人は恋愛でも奥手になる／Natesha, N., & D'Souza, L.（2008）. Prevalence of shyness among children: A developmental perspective of age and gender. Asian Journal of Development Matter, 1, 55-58.
25 シャイな人は対面よりコンピュータを介したコミュニケーションを好む／Chan, M.（2011）. Shyness,

sociability, and the role of media syn- chronicity in the use of computer-mediated communication for interpersonal communication. Asian Journal of Social Psychology, 14, 84-90.
26 シャイな人は内気さを隠そうとしたり、社会的スキルがないことを自覚／Creed, A. T., & Funder, D. C. (1998). Social anxiety: From the inside and outside. Personality and Individual Differences, 25, 19-33.
27 人見知りは人と交わるのを避けることで孤独感が強くなる／J Jackson, T., Soderlind, A., & Weiss, K. E. (2000). Personality traits and quality of relationships as predictors of future loneli- ness among American college students. Social Behavior and Personality: An International Journal, 28, 463-470.
28 シャイ度が高く社交性が低いと孤独感の高さに関係／Mounts, N. S., Valentiner, D. P., Anderson, K. L., & Boswell, N. K. (2006). Shyness, sociability and parental support for the col- lege transition: Relation to adolescent's adjustment. Journal of Youth and Adolescents, 35, 68-77
29 人見知りは男女にかかわらず存在する／Afshan, A., D'Souza, L., & Manickam, L. S. S. (2014). Shyness and Masculinity-Femininity of adolescents living in their homes and those staying at hostels in Mysore. Indian Journal of Applied Psychology, 15, 5-12.／Henderson, L., & Zimbardo, P. G. (1998). Shyness: Encyclopedia of mental health. San Diego, CA: Academic Press.
30 人見知りは「内向性」「神経症傾向」「協調性」の3つが同時に存在して生まれる性格／Afshan, A., Askari, I., & Manickam, L. S. S. (2015). Shyness, Self-Construal, Extraversion–Introversion, Neuroticism, and Psychoticism: A Cross-Cultural Comparison Among College Students. SAGE Open, 5(2).
31 内向型の4つのタイプ「STAR」モデル／Grimes, Jennifer & Cheek, Jonathan & Norem, Julie. (2011). Four Meanings of Introversion: Social, Thinking, Anxious, and Inhibited Introversion.
32 ビッグファイブの性格は遺伝的な影響が約40～50％で、半分以上が後天的な影響／Bouchard, Thomas J.; McGue, Matt (2003-01). "Genetic and environmental influences on human psychological differences" Journal of Neurobiology 54 (1): 4-45／Plomin R, DeFries JC, Knopik VS, Neiderhiser JM. Top 10 Replicated Findings From Behavioral Genetics. Perspect Psychol Sci. 2016 Jan;11(1):3-23／van den Berg, S. , de Moor, M. H. M. , McGue, M. , Pettersson, E. , Terracciano, A. , Verweij, K. J. H. , … Boomsma, D. I. (2014). Harmonization of Neuroticism and Extraversion phenotypes across inventories and cohorts in the Genetics of Personality Consortium: An application of Item Response Theory. Behavior Genetics, 44, 295-313.／安藤寿康「遺伝マインド --遺伝子が織り成す行動と文化」有斐閣 (2011/4/11)

第2章 おとなしい性格に秘められたすごい力

1 自分を内向型と認めている人はそうでない人よりも、幸福度が高い／Lawn, R.B. (2019). Quiet flourishing: Exploring beliefs about introversion-extraversion, and identifying pathways to optimal well-being in trait introverts
2 自分への多面的な解釈ができるとストレスを受けにくくなる(自己複雑性緩衝作用)／Linville, P. W. 1987 Self complexity as a cognitive buffer against stress-related illness and depression. Journal of Personality and Social Psychology, 52(4), 663-676/ Showers, Carolin J.. "Compartmentalization of positive and negative self-knowledge: keeping bad apples out of the bunch." Journal of personality and social psychology 62 6 (1992): 1036-49.
3 外向性と内向性の考え方は心理学者カール・グスタフ・ユングにより提唱／Jung, C. G. (1921) Psychologische Typen, Rascher Verlag, Zurich – translation H.G. Baynes, 1923
4 性格に関する論文は9万以上／(＊アメリカ国立衛生研究所のデータベースで"personality"をタイトルと抄録に記載している論文／筆者調べ)

5　ビッグファイブ理論／Jawinski P, Markett S, Sander C, Huang J, Ulke C, Hegerl U, Hensch T. The Big Five Personality Traits and Brain Arousal in the Resting State. Brain Sci. 2021 Sep 26;11(10):1272.
6　ショートビッグファイブ診断／Chamorro-Premuzic T, Reimers S, Hsu A, Ahmetoglu G. Who art thou? Personality predictors of artistic preferences in a large UK sample: the importance of openness. Br J Psychol. 2009 Aug;100(Pt 3):501-16
7　外向性は脳の報酬系が活性化しやすい／Golimbet VE, Alfimova MV, Gritsenko IK, Ebstein RP. Relationship between dopamine system genes and extraversion and novelty seeking. Neurosci Behav Physiol. 2007 Jul;37(6):601-6.
8　協調性の高い男性は、目の大きい女性を好む人が多い／松下 戦具, "大きな目が好まれる理由に関する探索的研究―選択者の個人特性―"大阪樟蔭女子大学研究紀要第 10 巻(2020)
9　米国では協調性が低い人が収入が高く、日本では協調性が高い人が収入が多い／Lee and Ohtake (2014).The Effects of Personality Traits and Behavioral Characteristics on Schooling, Earnings, and Career Promotion, RIETI Discussion Paper Series 14-E-023
10　米国では協調性がある男性とそうでない人では、年収で7000ドル(約100万円)の差が出る／T.A. Judge, B.A. Livingston, C. Hurst.,"Do nice guys--and gals--really finish last? The joint effects of sex and agreeableness on income." J. Pers. Soc. Psychol., 2012, Vol.102(2), p.390-407
11　開放性の高い人は、右脳の下頭頂小葉(高次の認知機能を担う部分)の萎縮が年をとっても起きにくい／Taki Y, Thyreau B, Kinomura S, Sato K, Goto R, Wu K, Kawashima R, Fukuda H. A longitudinal study of the relationship between personality traits and the annual rate of volume changes in regional gray matter in healthy adults. Hum Brain Mapp. 2013 Dec;34(12):3347-53.
12　好奇心が強いほど、記憶を司る海馬の働きも活発になる／Gruber MJ, Gelman BD, Ranganath C. States of curiosity modulate hippocampus-dependent learning via the dopaminergic circuit. Neuron. 2014 Oct 22;84(2):486-96
13　開放性の性格がある人は脳の報酬処理とデフォルトモードネットワークが活性化(膨大な情報処理をすると快感を感じる)／Abu Raya M, Ogunyemi AO, Broder J, Carstensen VR, Illanes-Manrique M, Rankin KP. The neurobiology of openness as a personality trait. Front Neurol. 2023 Aug 14;14:1235345.
14　外向的な若者は反社会的あるいは非行にはしりやすい傾向／Rushton, Philippe; Chrisjohn, Roland (1981). "Extraversion, neurotiscism, psychoticism and self-reported delinquency: evidence from eight separate samples". Personality and Individual Differences 2(1): 11-20／Ryckman, R. (2004). Theories of Personality. Belmont, CA:Thomson/Wadsworth
15　外側に対する欲望が強すぎると、精神疾患につながる事例／Ghaderi, Davod; Borjali, Ahmad; Bahrami, Hadi; Sohrabi, Faramarz (2011). "Survey of the relationship between five factor model and psychopathic personality in a sample of male prisoners in Iran". Annals of Biological Research 2 (6): 116-122.
16　外向的な人は内向的な人よりも毎秒平均0.06m速く歩く／Stephan, Y., Sutin, A. R., Bovier-Lapierre, G., & Terracciano, A. (2018). Personality and walking speed across adulthood: Prospective evidence from five samples. Social Psychological and Personality Science, 9(7), 773-780
17　外向性は外側の報酬に反応(社会的、経済・物質、性的な外側の報酬により大きな快感を感じやすいタイプ)／Depue RA, Collins PF. Neurobiology of the structure of personality: dopamine, facilitation of incentive motivation, and extraversion. Behav Brain Sci. 1999 Jun;22(3):491-517; discussion 518-69.
18　外向性が高い人はお酒の飲酒量が多く依存症にもなるケースがある／Fairbairn CE, Sayette MA, Wright AG, Levine JM, Cohn JF, Creswell KG. Extraversion and the Rewarding Effects of Alcohol

in a Social Context. J Abnorm Psychol. 2015 Aug;124(3):660-73.
19 外向性の高さは中毒や依存症にも関係／Mathers S, Walker MB. Extraversion and exercise addiction. J Psychol. 1999 Jan;133(1):125-8.
20 ビッグファイブだけでは表現できない性格も一部存在する／M. Hirano, "Trends and future perspectives in personality psychology: Focusing on big five personality, sensitivity, and dark triad", The Annual Report of Educational Psychology in Japan, 2021, Vol.60, 69-90
21 内向型はレモンを口に入れたときの唾液量が50%多い／Casey J, McManis DL. Salivary response to lemon juice as a measure of introversion in children. Percept Mot Skills. 1971 Dec;33(3):1059-65.
22 18～27歳の外向性が高い人は内向的な人よりも30％代謝レベルが低い／Bergeron P, Pagé A, Trempe M. Integrating humans into pace-of-life studies: The Big Five personality traits and metabolic rate in young adults. PLoS One. 2021 Apr 6;16(4):e0248876. doi: 10.1371/journal.pone.0248876. PMID: 33822789; PMCID: PMC8023493
23 内向型はパンデミックと孤独に強い／Glei DA, Weinstein M. In the Midst of a Pandemic, Introverts May Have a Mortality Advantage. medRxiv [Preprint]. 2022 May 25:2022.05.24.22275508. doi: 10.1101/2022.05.24.22275508. Update in: Dialogues Health. 2023 Dec;2:100087.
24 両向型は宇宙ステーションや南極の観測所など、閉鎖的で極度の孤独にも耐えられる／Suedfeld P, Steel GD. The environmental psychology of capsule habitats. Annu Rev Psychol. 2000;51:227-53.
25 内向的は外向的より、右前頭前野皮質と右頭頂接合部の灰白質が厚くなっている／Forsman LJ, de Manzano O, Karabanov A, Madison G, Ullén F. Differences in regional brain volume related to the extraversion-introversion dimension--a voxel based morphometry study. Neurosci Res. 2012 Jan;72(1):59-67
26 内向型の人は前頭前野と視床前部の血流量が多い／Johnson DL, Wiebe JS, Gold SM, Andreasen NC, Hichwa RD, Watkins GL, Boles Ponto LL. Cerebral blood flow and personality: a positron emission tomography study. Am J Psychiatry. 1999 Feb;156(2):252-7.
27 外向型は曖昧に話し、内向型は具体的に話す傾向／Beukeboom, C. J., Tanis, M., & Vermeulen, I. E. (2013). The language of extraversion: Extraverted people talk more abstractly, introverts are more concrete. Journal of Language and Social Psychology, 32(2), 191-201.
28 外向型は行動に移す脳の部分（運動野）の処理が速く、内向型は外からの刺激が入ったときの内部処理スピードが速い/Stahl J, Rammsayer T. Extroversion-related differences in speed of premotor and motor processing as revealed by lateralized readiness potentials. J Mot Behav. 2008 Mar;40(2):143-54.
29 内向性が高くても神経症傾向が低ければ自尊心は高い／Fadda D, Scalas LF. Neuroticism as a Moderator of Direct and Mediated Relationships Between Introversion-Extraversion and Well-Being. Eur J Psychol. 2016 Feb 29;12(1):49-67.
30 専門職、警察官、管理職、営業職、職人の仕事の成功に最も関連していたのは「誠実性」だった／Barrick, M. R., & Mount, M. K. (1991). The Big Five personality dimensions and job performance: A meta-analysis. Personnel Psychology, 44(1), 1-26
31 キャリアの成功においても「誠実性」の高さのみが大きな予測因子／Schmidt, Frank L.; Hunter, John (2004). "General Mental Ability in the World of Work: Occupational Attainment and Job Performance."Journal of Personality and Social Psychology 86 (1): 162-173
32 ゾーン（フロー状態）になるのに誠実性が関連／Ullén F., Manzano O., Almeida R., Magnusson P. K., Pedersen N. L., Nakamura J., et al. (2012). Proneness for psychological flow in everyday life: associations with personality and intelligence. Person. Individ. Differ. 52 167-172
33 誠実性が高すぎると決断に時間をかけすぎたり、ルールに固執してイノベーションが起きにくい／Is Conscientiousness ALWAYS Positively Related to Job Performance?. Wright State University.

2022-01-26
34 子どもの頃のセルフコントロール力が高いほど、大人になってからの経済状態、社会的地位、健康状態が高い傾向／Moffitt TE, Arseneault L, Belsky D, Dickson N, Hancox RJ, Harrington H, Houts R, Poulton R, Roberts BW, Ross S, Sears MR, Thomson WM, Caspi A. A gradient of childhood self-control predicts health, wealth, and public safety. Proc Natl Acad Sci U S A. 2011 Feb 15;108(7):2693-8.
35 誠実性の高さは、失業、ホームレス、薬物依存や犯罪率の低下にも関係／Ozer, D. J.; Benet-Martínez, V. (2006). "Personality and the prediction of consequential outcomes". Annual Review of Psychology 57: 401-421／Roberts, B.W.; Jackson, J.J.; Fayard, J.V.; Edmonds, G.; Meints, J (2009). "Chapter 25. Conscientiousness". In Mark R. Leary, & Rick H. Hoyle. Handbook of Individual Differences in Social Behavior. New York/London: The Guildford Press. pp. 257-273.
36 『楽しみを先送りして待つ』能力は、小学校低学年の算数と読字力のテストの成績を高め、中学生では、学年末の成績だけでなく、出席率、全国標準学力テストの成績にも比例／McClelland M.M. et.al.,"Links between behavioral regulation and preschoolers' literacy, vocabulary, and math skills" Dev. Psychol., Vol. 43(4), p.947-59, 2007
37 怒りの感情をコントロールできる子どもほど、知能が高い傾向／Austin, E. J., et.al., "Relationships between ability and personality: does intelligence contribute positively to personal and social adjustment?", Personality and Individual Differences, Vol.32, p.1391-1411, 2002
38 誠実性が高いパートナーがいる人は年収が多く、仕事への満足度も高く、結婚生活に対しても充実／Solomon, B. C., & Jackson, J. J. (2014). The Long Reach of One's Spouse: Spouses' Personality Influences Occupational Success. Psychological Science, 25(12), 2189-2198
39 結婚して幸せな人は、誠実性が高い人が多い／Heller, D., Watson, D., & Hies, R. (2004). The role of person versus situation in life satisfaction: A critical examination. Psychological Bulletin, 130, 574-600. doi:10.1037/0033- 2909.130.4.574
40 日本でも結婚して幸せな人は、誠実性が高い／Abe, S., & Oshio, A. (2018). Does Marital Duration Moderate (Dis)Similarity Effects of Personality on Marital Satisfaction? SAGE Open, 8(2). https://doi.org/10.1177/2158244018784985
41 誠実性は5つの作業効率を高める／Sutin AR, Stephan Y, Luchetti M, Terracciano A. Five-factor model personality traits and cognitive function in five domains in older adulthood. BMC Geriatr. 2019 Dec 5;19(1):343. doi: 10.1186/s12877-019-1362-1. PMID: 31805866; PMCID: PMC6896269.
42 誠実性は、複数の要素が同時に含まれる作業の効率を最大19％高める／Stock AK, Beste C. Conscientiousness increases efficiency of multicomponent behavior. Sci Rep. 2015 Oct 27;5:15731. doi: 10.1038/srep15731. PMID: 26503352; PMCID: PMC4621532.
43 誠実性が高い人は、画像情報を長時間サーチするとサーチの正確性が約5.3％も上がる／Grady JN, Cox PH, Nag S, Mitroff SR. Conscientiousness protects visual search performance from the impact of fatigue. Cogn Res Princ Implic. 2022 Jun 28;7(1):56.
44 誠実性が高い人は自分を律して計画を立てたり、ゴール指向性が高く、効率的に行動する人が多い／Costa, P. T. & McCrae, R. R. NEO personality Inventory professional manual. (Psychological Assessment Resources, 1992). 119 DeYoung, C. G., Quilty, L. C. & Peterson, J. B. Between facets and domains: 10 aspects of the Big Five. J. Pers. Soc. Psychol. 93, 880-896 (2007).／Fleming, K. A., Heintzelman, S. J. & Bartholow, B. D. Specifying Associations between Conscientiousness and Executive Functioning: Mental Set Shifting, Not Prepotent Response Inhibition or Working Memory Updating. J. Pers. (2015). doi:10.1111/ jopy.12163 ／Roberts, B. W., Jackson, J. J., Berger, J. M., Burger, J. & Trautwein, U. Conscientiousness and externalizing psychopathology:

overlap, developmental patterns, and etiology of two related constructs. Dev. Psychopathol. 21, 871-888 (2009). ／Roberts, B. W., Jackson, J. J., Fayard, J. V., Edmonds, G. & Meints, J. in Handbook of individual differences in social behavior (eds. Leary, M. & Hoyle, R.) 369-381 (Guilford Press, 2009)
45 外向性の高い人はファッションにこだわりがある／Sharma, R. S. (1980). "Clothing behaviour, personality, and values: A correlational study". Psychological Studies 25 (2): 137-42.
46 高い誠実性、開放性を持ち、神経症傾向が低い人は、流暢に話をする人が多い／Sutin AR, Stephan Y, Damian RI, Luchetti M, Strickhouser JE, Terracciano A. Five-factor model personality traits and verbal fluency in 10 cohorts. Psychol Aging. 2019 May;34(3):362-373
47 14歳と77歳のときの性格は『別人』ほど違う／Harris MA, Brett CE, Johnson W, Deary IJ. Personality stability from age 14 to age 77 years. Psychol Aging. 2016 Dec;31(8):862-874.
48 10歳から20歳までの青年期は特に協調性と誠実性が低下しやすい／Soto, C.J. et al(. 2011),"Age differences in personality traits from 10 to 65 : Big-Five domains and facets in a large cross-sectional sample", Journal of Personality and Social Psychology , Vol. 100, pp. 330-348.
49 IQは幼少期のほうが変化しやすく、歳とともに変化しにくくなる／Chuna, F. & J.J. Heckman, " Technology of skill formation", 2007, American Economic Review, Vol.97/2, p.31-47

第 3 章 「控えめなのに優秀な人」がやっていること

1 イーロン・マスクの言葉 "I would'nt say I'm fearless. In fact, I think I feel fear quite strongly"／Eion Musk in His Own Words, Agate B2 (July 13, 2021)
2 内向性は知能や天才性に関連し、学ぶことが好きな傾向／Furnham, Adrian; Forde, Liam; Cotter, Tim (1998). "Personality and intelligence". Personality and Individual Differences 24 (2): 187-92.／Gallagher, S. A. (1990). "Personality patterns of the gifted". Understanding Our Gifted 3 (1): 11-13.／Hoehn, L.; Birely, M.K. (1988). "Mental process preferences of gifted children". Illinois Council for the Gifted Journal 7: 28-31.
3 管理職の96パーセントは外向型、4％が内向型／SD Hall 著 · 2023, A Phenomenological Study of Introverted Leaders/Stephens-Craig, Dana et al. "Perception of Introverted Leaders by Mid to High -Level Leaders." Journal of Marketing Management 6 (2015): 62.
4 外向型はよく話し、明るく、会議でも注目を集めやすい／Wisser KZ, Massey RL. Mastering Your Distinctive Strengths as an Introverted Nurse Leader. Nurs Adm Q. 2019 Apr/Jun;43(2):123-129.
5 ノルウェー軍隊の研究では、将校になる人は外向性が高い／Skoglund TH, Brekke TH, Steder FB, Boe O. Big Five Personality Profiles in the Norwegian Special Operations Forces. Front Psychol. 2020 May 5;11:747. doi: 10.3389/fpsyg.2020.00747. PMID: 32431640; PMCID: PMC7214609.
6 「外向型がよい」という先入観で、内向型リーダーの成果は見過ごされてきた歴史がある／Adewale, 2020; Reis & Grady, 2019; Shafique & Loo-See, 2018 Researchers have also suggested the beliefs individuals have about what makes someone a good leader, or about leadership in general, could be related to the representation of extraverts in company management positions Adewale, 2020; Reis & Grady, 2019; Shafique & Loo-See, 2018
7 外向型と内向型、どちらがリーダーに向いているかは「従業員のタイプ」で決まる／Grant, A. M., Gino, F., & Hofmann, D. A. (2011). Reversing the extraverted leadership advantage: The role of employee proactivity. Academy of Management Journal, 54(3), 528-550
8 命令ではなく従業員に必要なものを提供するサーヴァント・リーダーシップ／Canavesi A, Minelli E. Servant Leadership: a Systematic Literature Review and Network Analysis. Employ Respons Rights J. 2022;34(3):267-89.

9　「外向性」「協調性」「開放性」の3つが仕事の内容とマッチすると、年収が上がる傾向／Denissen JJA, Bleidorn W, Hennecke M, Luhmann M, Orth U, Specht J, Zimmermann J. Uncovering the Power of Personality to Shape Income. Psychol Sci. 2018 Jan;29(1):3-13
10　イギリスの起業家2415人、管理職3822人、監督職2446人、従業員10897人の性格分析では職種によって性格が異なる／Kang W, Guzman KL, Malvaso A. Big Five personality traits in the workplace: Investigating personality differences between employees, supervisors, managers, and entrepreneurs. Front Psychol. 2023 Mar 28;14:976022.
11　オックスフォード大学の2万1187社のスタートアップ企業で成功する創業者の性格を調べた結果、「開放性が高く」「協調性が低い」傾向にあった／Bonaventura, M., Ciotti, V., Panzarasa, P. et al. Predicting success in the worldwide start-up network. Sci Rep 10, 345 (2020). https://doi.org/10.1038/s41598-019-57209-w
12　緊急性を要する場面では内向型より外向型リーダーが強い／T.A. Judge, J.E. Bono, R. Ilies, M.W. Gerhardt, Personality and leadership: A qualitative and quantitative review. Journal of Applied Psychology, 87 (4) (2002), pp. 765-780
13　内向型リーダーは「外向的なふるまい」をすると、外向型リーダーと同程度の効果が発揮できる／Spark A, O'Connor P J. State extraversion and emergent leadership: Do introverts emerge as leaders when they act like extraverts?[J]. The Leadership Quarterly, 2021, 32(3): 101474
14　リーダーを感じるには、メンタルよりも行動を重視する傾向／Verawati, D. M., & Hartono, B. (2020). Effective leadership: From the perspective of trait theory and behavior theory. Jurnal Riset Ekonomi Manajemen, 4(1), 13-23.
15　内向型リーダーのエピソード／Sherman, Rose. (2013). Introverts can be nurse leaders too. American Nurse Today. 8. 16-18.
16　内向型は、会社がプロジェクトの計画段階にあるときに力を発揮する／Farrell, M. (2017). Leadership Reflections: Extrovert and Introvert Leaders. Journal of Library Administration, 57(4), 436-443.
17　リフレクティブ・リスニング／Braillon A, Taiebi F. Practicing "Reflective listening" is a mandatory prerequisite for empathy. Patient Educ Couns. 2020 Sep;103(9):1866-1867.
18　人は自分のことを話すとき脳の報酬系が活性化／Tamir D.I., & Mitchell J.P. "Disclosing information about the self is intrinsically rewarding", Proc. Natl. Acad. Sci. USA, 2012, Vol.109(21), p.8038-43
19　「少しお時間よろしいですか？」よりも「あなたは人に協力的ですか？」と声をかけたほうが、約2.7倍協力してくれる／Bolkan, S., & Andersen, P. A. "Image induction and social influence: Explication and initial tests", Basic and Applied Social Psychology, 2009, Vol.31(4), p.317-324
20　ピグマリオン効果／Robert Rosenthal & Lenore Jacobson. "Pygmalion in the classroom", The Urban Review, 1968, Vol. 3(1),p.16-20/Mitchell, Terence R. & Daniels, Denise. "Motivation". In Walter C. Borman; Daniel R. Ilgen; Richard J. Klimoski (eds.). Handbook of Psychology (volume 12). John Wiley & Sons, Inc. 2003, p. 229
21　能力をほめると難しいことにチャレンジしなくなる／Mueller, C.M., & Dweck, C.S.,"Praise for Intelligence Can Undermine Children's Motivation and Performance", Journal of Personality and Social Psychology, 1998, Vol.75, p.33
22　やる気は釣り鐘のようなもの／Atkinson, John William. "Motivational determinants of risk- taking behavior." Psychological review64, Part16 (1957), p.359-72
23　外向的な人は内向的な人よりも5～10％ほど、頻繁に中程度の外向的な行動をするだけ／Fleeson W, Gallagher P. The implications of Big Five standing for the distribution of trait manifestation in behavior: fifteen experience-sampling studies and a meta-analysis. J Pers Soc Psychol. 2009 Dec;97(6):1097-114.

第 4 章 「恐怖学習」と「快感学習」が性格を作る

1 占星術を信じると本当にその通りの性格になる可能性／Hans Eysenck, “Astrology: Science or Superstition?”, Temple Smith（1982/12/31）/ Richard Wiseman, “Quirkology: The Curious Science of Everyday Lives”, Pan Books; Main Market edition (January 15, 2015)
2 ロバート・クロニンジャー博士の「ＴＣＩ理論」／Cloninger（1987）Cloninger CR. A systematic method for clinical description and classification of personality variants: a proposal. Archives of General Psychiatry. 1987;44:573-588／Cloninger, Svrakic & Przybeck（1993）Cloninger CR, Svrakic DM, Przybeck TR. A psychobiological model of temperament and character. Archives of General Psychiatry. 1993;50:975-990.
3 ドーパミン、セロトニン、ノルアドレナリンによって気質・性格が影響を受ける／Ebstein, R. P., Novick, O., Umansky, R., Priel, B., Osher, Y., Blaine, D., Bennett, E. R., Nemanov, L., Katz, M., & Bel- maker, R. H.（1996）. Dopamine D4 receptor（DRD4）exon polymorphism associated with the human person- ality trait of novelty seeking. Nature Genetics, 12, 78-80
4 気質・性格が関係する脳活動も研究されている（特定の性格には特定の場所が関与）／Youn, Y., Lyoo, I. K., Kim, J., Park, H., Ha, K., Lee, D. S., Abrams, K. Y., Lee, M. C., & Kwon, J. S.（2002）. Relationship between personality trait and regional cerebral glucose metabolism assessed with positron emission to- mogramphy. Biological Psychology, 60, 109-120
5 身長は９０％の遺伝率となるが、通常の遺伝率は３０～５０％／Plomin R, DeFries JC, Knopik VS, Neiderhiser JM. Top 10 Replicated Findings From Behavioral Genetics. Perspect Psychol Sci. 2016 Jan;11（1）:3-23
6 双子2万９４９６名を対象としたリサーチでも神経症の遺伝率は４８％（6つのメタ分析）／van den Berg, S., de Moor, M. H. M., McGue, M., Pettersson, E., Terracciano, A., Verweij, K. J. H., … Boomsma, D. I.（2014）. Harmonization of Neuroticism and Extraversion phenotypes across inventories and cohorts in the Genetics of Personality Consortium: An application of Item Response Theory. Behavior Genetics, 44, 295-313.
7 ビッグファイブ理論とTCI理論の関係／Yoshihiko Kunisato, Akihiro Yamaguchi, Shin-ichi Suzuki,, “Cloninger's Temperament and Character Model and the Big Five”, The Japanese Journal of Personality, 2008 Volume 16 Issue 3 Pages 324-334
8 性格は後天的な環境で成長していく／Garcia et al.（2014）Garcia D, Strage A, Lundstrom S, Radovic S, Brandstrom S, Rastam M, Nilsson T, Cloninger CR, Kerekes N, Anckarsater H. Responsibility and cooperativeness are constrained, not determined. Frontiers in Psychology. 2014;5:308. ／Cloninger & Zwir（2018）Cloninger CR, Zwir I. What is the natural measurement unit of temperament: single traits or profiles? Philosophical Transactions of the Royal Society of London B: Biological Sciences. 2018;373:20170613.
9 Nature（生まれ）とNurture（育ち）／Wright RO. Nature versus nurture-on the origins of a specious argument. Exposome. 2022 Aug 2;2（1）:osac005.
10 快感学習／Schultz W:Behavioral dopamine signals. Trends Neurosci 2006;3:203-210
11 痛みがなくなることでも脳が快感を感じて快感学習が起きる／Becerra L, Borsook D:Signal valence in the nucleus accumbens to pain onset and offset. Eur J Pain 2008;12:866-869
12 お金をもらうと脳の報酬系が活性化／Knutson B, Adams CM, Fong GW, Hommer D. Anticipation of increasing monetary reward selectively recruits nucleus accumbens. J Neurosci. 2001 Aug 15;21（16）:RC159.
13 人からほめられても線条体を含む脳の報酬系が活性化／Izuma K, Saito DN, Sadato N. Processing of

social and monetary rewards in the human striatum. Neuron. 2008 Apr 24;58(2):284-94
14 恐怖学習(恐怖条件付け学習)には扁桃体と海馬が関係/Phillips RG, LeDoux JE. Differential contribution of amygdala and hippocampus to cued and contextual fear conditioning. Behav Neurosci. 1992 Apr;106(2):274-85.
15 高い神経症傾向と外向性の低さは恐怖学習を加速する/Hooker CI, Verosky SC, Miyakawa A, Knight RT, D'Esposito M. The influence of personality on neural mechanisms of observational fear and reward learning. Neuropsychologia. 2008 Sep;46(11):2709-24.
16 神経症傾向は扁桃体が活性化しやすく、脳の前頭前野(背内側+背外側前頭前野)の活性が低下しやすい(痛みをより大きく感じやすいタイプ)/Forbes CE, Poore JC, Krueger F, Barbey AK, Solomon J, Grafman J. The role of executive function and the dorsolateral prefrontal cortex in the expression of neuroticism and conscientiousness. Soc Neurosci.//Grasby et al., Enhancing NeuroImaging Genetics through Meta-Analysis Consortium (ENIGMA)—Genetics working group. The genetic architecture of the human cerebral cortex. Science. 2020 Mar 20;367(6484):eaay6690
17 ネガティビティ・バイアス/P. Rozin & E.B. Royzman, "Negativity bias, negativity dominance, and contagion", Personality and Social Psychology Review, 2001, Vol.5, p.296-320
18 悲観主義バイアス(女性に多い傾向)/Mansour, S.B. et.al. "Is There a "Pessimistic" Bias in Individual Beliefs? Evidence from a Simple Survey", Theor. Decis., 2006, Vol. 61, p.345-362
19 西洋人は日本人と比べて悲観主義バイアスが少ない/Chang, EC. Et.al., "Cultural variations in optimistic and pessimistic bias: Do Easterners really expect the worst and Westerners really expect the best when predicting future life events?" Journal of Personality and Social Psychology, 2001, Vol.81(3), p.476
20 「健康的な神経症」の人は喫煙や薬物使用リスクが低く、炎症やガンなどを引き起こす炎症性サイトカイン値が低い/Turiano NA, Mroczek DK, Moynihan J, Chapman BP. Big 5 personality traits and interleukin-6: evidence for "healthy Neuroticism" in a US population sample. Brain Behav Immun. 2013 Feb;28:83-9./Weston, S. J., & Jackson, J. J. (2015). Identification of the healthy neurotic: Personality traits predict smoking after disease onset. Journal of Research in Personality, 54, 61-69. / Graham EK, Weston SJ, Turiano NA, Aschwanden D, Booth T, Harrison F, James BD, Lewis NA, Makkar SR, Mueller S, Wisniewski KM, Yoneda T, Zhaoyang R, Spiro A, Willis S, Schaie KW, Sliwinski M, Lipton RA, Katz MJ, Deary IJ, Zelinski EM, Bennett DA, Sachdev PS, Brodaty H, Trollor JN, Ames D, Wright MJ, Gerstorf D, Allemand M, Drewelies J, Wagner GG, Muniz-Terrera G, Piccinin AM, Hofer SM, Mroczek DK. Is Healthy Neuroticism Associated with Health B ehaviors? A Coordinated Integrative Data Analysis. Collabra Psychol. 2020;6(1):32.
21 ビジネスでうまくいく人ほどストレスを感じにくい/Sherman, Gary D. et.al. "The Interaction of Testosterone and Cortisol Is Associated With Attained Status in Male Executives", DASH(Desital Access to Scholarship at Harvard), http:// nrs.harvard.edu/urn-3:HUL.InstRepos:22509302
22 主観的な思考は人を短期的な視点にさせる/Eddie Harmon-Joes, et.al. "Does Negative Affect Always Narrow and Positive Affect Always Broaden the Mind? Considering the Influence of Motivational Intensity on Cognitive Scope", Current Directions in Psychological Science, 2013, Vol.22(4), p.301-307,
23 バーンアウトになる人は神経症傾向の人が多い/Angelini G. Big five model personality traits and job burnout: a systematic literature review. BMC Psychol. 2023 Feb 19;11(1):49. doi: 10.1186/s40359-023-01056-y. PMID: 36804929; PMCID: PMC9938997
24 身体的な痛みと心の痛みを感じる脳の部分は同じ/Jiangzhou Sun, Kaixiang Zhuang, Haijiang Li,

Dongtao Wei, Qinglin Zhang & Jiang Qiu (2018) Perceiving rejection by others: Relationship between rejection sensitivity and the spontaneous neuronal activity of the brain, Social Neuroscience, 13:4, 429-438,
25 パブロフの犬／Pavlov, I. P.(1927)Conditioned reflexes: An investigation of the physiological activity of the cerebralcorte(xG.V.Anrep,Trans.).NewYork,NY: Oxford University Press.
26 消去学習には腹内側前頭前野の活性化が必要／Milad MR, Quirk GJ. Neurons in medial prefrontal cortex signal memory for fear extinction. Nature. 2002 Nov 7;420(6911):70-4. ／Burgos-Robles A, Vidal-Gonzalez I, Santini E, Quirk GJ. Consolidation of fear extinction requires NMDA receptor-dependent bursting in the ventromedial prefrontal cortex. Neuron. 2007 Mar 15;53(6):871-80. ／Do-Monte FH, Manzano-Nieves G, Quiñones-Laracuente K, Ramos-Medina L, Quirk GJ. Revisiting the role of infralimbic cortex in fear extinction with optogenetics. J Neurosci. 2015 Feb 25;35(8):3607-15.
27 消去学習には腹内側前頭前野と海馬、扁桃体の3つの場所が重要／Sierra-Mercado D, Padilla-Coreano N, Quirk GJ. Dissociable roles of prelimbic and infralimbic cortices, ventral hippocampus, and basolateral amygdala in the expression and extinction of conditioned fear. Neuropsychopharmacology. 2011 Jan;36(2):529-38／Amano, T., Duvarci, S., Popa, D. & Paré, D. (2011) The fear circuit revisited: contributions of the basal amygdala nuclei to conditioned fear. J Neurosci, 31, 15481-15489
28 苦手だったものが食べられるようになる／西剛志著「あなたの世界がガラリと変わる認知バイアスの教科書」SBクリエイティブ, 2023年
29 12～18歳の子どもより8～11歳の子どものほうがネガティビティバイアスが強い／Hogendoorn SM, Wolters LH, Vervoort L, Prins PJ, Boer F, Kooij E, de Haan E. Measuring Negative and Positive Thoughts in Children: An Adaptation of the Children's Automatic Thoughts Scale (CATS). Cognit Ther Res. 2010 Oct;34(5):467-478.
30 マイナスな思考がいきすぎると、扁桃体が過活動になり前頭前野の活動低下が起こる／Ji G, Sun H, Fu Y, Li Z, Pais-Vieira M, Galhardo V, Neugebauer V:Cognitive impairment in pain through amygdala-driven prefrontal cortical deacti- vation. J Neurosci 2010;30:5451-5464
31 社会的緩衝作用(Social buffering)／Hofer, M.A. & Shair, H. (1978) Ultrasonic vocalization during social interaction and isolation in 2-weeek-old rats. Dev Psychobiol, 11, 495-504.
32 社会的緩衝作用はあらゆる動物種に普遍的に見られる／Bryan Jones, R. & Merry, B.J. (1988) Individual or paired exposure of domestic chicks to an open field: Some behavioural and adrenocortical consequences. Behav Processes, 16, 75-86／Hennessy, M.B., Zate, R. & Maken, D.S. (2008) Social buffering of the cortisol response of adult female guinea pigs. Physiol Behav, 93, 883-888／Lyons, D.M., Price, E.O. & Moberg, G.P. (1993) Social grouping tendencies and separation-induced distress in juvenile sheep and goats. Dev Psychobiol, 26, 251-259.／Kanitz, E., Hameister, T., Tuchscherer, M., Tuchscherer, A. & Puppe, B. (2014) Social support attenuates the adverse consequences of social deprivation stress in domestic piglets. Horm Behav, 65, 203-210/ Winslow, J.T., Noble, P.L., Lyons, C.K., Sterk, S.M. & Insel, T.R. (2003) Rearing effects on cerebrospinal fluid oxytocin concentration and social buffering in rhesus monkeys. Neuropsychopharmacology, 28, 910-918.
33 0歳から5歳までの子どもは激しい口論をする両親のもとで育つと、感情を読みすぎてしまう子になる傾向／Raver, C.C, et.al., "Poverty, household chaos, and interparental aggression predict children's ability to recognize and modulate negative emotions" Development and Psychopathology, Vol.27(3), p.695-708, 2015
34 親によって子どもの性格に影響する可能性／Baker, A.J.L.,"Adult children of parental alienation

syndrome", W.W.Newton & Company.
35 0～3歳までにDVを目撃した107人の子どもは、3～5歳の時点では特に変化はないが、小学校に上がってから突然攻撃的な行動を示すようになる／Holmes, M.R.,"The sleeper effect of intimate partner violence exposure: long-term consequences on young children's aggressive behavior", Journal of Child Psychology and Psychiatry, Vol.54(9), p.986-95, 2013

第5章 理想の自分という幻想をリセットする

1 米国では毎年100億ドルものお金が幸せや性格を改善するプログラムに使われる／Linder, M. (2009). What people are still willing to pay for. Forbes. Retrieved August 15, 2009, from http://www.forbes.com/2009/01/15/ self-help-industry-ent-sales-cx_ml_0115selfhelp.html
2 米国では85～95％の人がもっと理想の人になりたいと思っている／Hudson, N. W., & Fraley, R. C. (2016b). Do people's desires to change their personality traits vary with age? An examination of trait change goals across adulthood. Social Psychological and Personality Science, 7, 847-856.／Hudson, N. W., & Roberts, B. W. (2014). Goals to change personality traits: Concurrent links between personality traits, daily behavior, and goals to change oneself. Journal of Research in Personality, 53, 68-83.
3 日本女性の88.6％の人が「自分を変えたい」と回答／2023年3月4日～2023年3月6日／全国の15～29歳の女性5000名のインターネット調査（株式会社マーケティングアンドアソシエイツ）https://prtimes.jp/main/html/rd/p/000000196.000018106.html
4 全国10～60代の男女1,798名のリサーチでは54.6％の人が「今の自分を変えたいと思う」と回答／https://sirabee.com/2020/03/20/20162237477/
5 多くの内向型は外向型になりたいと思っている（96％の人が内向的より外向的な性格に価値があると答えたが、これは「もっと外向的であれ」という好ましさから生まれている）／Lawn, R. B., Slemp, G. R., & Vella-Brodrick, D. A. (2019). Quiet flourishing: The authenticity and well-being of trait introverts living in the west depends on extraversion-deficit beliefs. Journal of Happiness Studies, 20(7), 2055-2075.
6 注目バイアス／Pool, E,. et.al., "Attentional bias for positive emotetional stimuli: A meta-analytic investigation" Psychol. Bull. 2016, Vol.142(1),p.79- 106
7 見せかけの自分と本当の自分／Lind E. From false-self to true-self functioning: a case in brief psychotherapy. Br J Med Psychol. 1973 Dec;46(4):381-9.
8 男性は女性よりも恋愛で偽りの自分になる確率が高い／Sippola LK, Buchanan CM, Kehoe S. Correlates of false self in adolescent romantic relationships. J Clin Child Adolesc Psychol. 2007 Oct-Dec;36(4):515-21.
9 偽りの記憶（偽記憶）はあらゆる年齢層でつくられる／Wang J, Otgaar H, Howe ML, Dong Q, Zhou C. Self-Enhanced False Memory Across the Life Span. J Gerontol B Psychol Sci Soc Sci. 2022 Sep 1;77(9):1645-1653.
10 内向性の度合いが偽の記憶をつくるのに影響／Frost P, Sparrow S, Jennifer B. Personality characteristics associated with susceptibility to false memories. Am J Psychol. 2006 Summer;119(2):193-204.
11 偽りの自分でいると精神的に疲れる／Ehrlich R. Winnicott's Idea OF The False Self: Theory as Autobiography. J Am Psychoanal Assoc. 2021 Feb;69(1):75-108.
12 潜在記憶と顕在記憶／K. Okada, "Review of Implicit memory theory", Japanese Psychological Review, 1999, Vol.42(2), 132-151
13 潜在記憶の能力は歳をとっても若い人とほぼ変わらない／森若誠, 村田厚生,「高齢者の潜在記憶特性に関する基礎的研究」人間工学 42 (2), 144-149, 2006

14 プライミング効果／Bargh JA., et.al., "Automaticity of social behavior: direct effects of trait construct and stereotype-activation on action", J. Personal. Soc. Psychol., 1996, Vol.71（2）, p.230- 244

第６章 「人」と「環境」と「行動」があなたを変える

1 幸せは伝染する／Fowler JH. & Christakis NA. "Dynamic spread of happiness in a large social network: longitudinal analysis over 20 years in the Framingham Heart Study", BMJ. 2008, Vol.337:a2338
2 集団バイアス／Janis,Irving,"Groupthink: Psychological Studies of Policy Decisions and Fiascoes", 2nd edition（Boston: Houghton Mifflin Company, 1982）
3 人数が多くなると相手を助けに行かなくなる／Darley, J.M., & Latané, B. "Bystander intervention in emergencies: Diffusion of responsibility", Journal of Personality and Social Psychology, 1968, Vol.8, p.377-383
4 投資したがる人が集まるとリスクの高い選択をする／G. Whyte, "Escalating Commitment in Individual and Group Decision Making: A Prospect Theory Approach", Organizational Behavior and Human Decision Processes, 1993, Vol.54（3）, p. 430-455
5 グループで考えると意見が極端になる／ J.A.F. Stoner, "A Comparison of individual and group decisions involving risk",Massachusetts Institute of Technology
6 言葉を発していなくてもストレスを感じている人を見ると、同じような感情になる／Friedman, H.S., Riggio, R.E. Effect of individual differences in nonverbal expressiveness on transmission of emotion. J Nonverbal Behav 6, 96-104（1981）.
7 神経症的傾向の強い飼い主のもとで育った猫は、問題行動を行うことが多く、良心的な飼い主ほど猫が不安や攻撃的な行動を見せない／Lauren R. Finka et al. Owner personality and the wellbeing of their cats share parallels with the parent-child relationship, PLOS ONE（2019）
8 犬も飼い主に似る／Chopik, W. J., & Weaver, J. R.（2019）. Old dog, new tricks: Age differences in dog personality traits, associations with human personality traits, and links to important outcomes. Journal of Research in Personality, 79, 94-108.
9 周りが協調的な人ばかりだと、協調性を示す行動や考え方が増える／Paul A. M. Van Lange, "The Pursuit of Joint O utcomes and Equality in Outcomes: An Integrative Model of Social Value Orientation," Journal of Personality and Social Psychology 77（1999）: 337-349／ Jennifer Chatman and Sigal Barsade, "Personality, Organizational Culture, and Cooperation: Evidence from a Busi ness Simulation," Administrative Science Quarterly 40（1995）: 423-443
10 性格はさまざまなものに影響されて、徐々にシフトできる／R. I. Damian, M. Spengler, A. Sutu, B. W. Roberts, Sixteen going on sixty-six: A longitudinal study of personality stability and change across 50 years. J. Pers. Soc. Psychol. 117, 674-695（2019）. ／R. E. Lucas, M. B. Donnellan, Personality development across the life span: Longitudinal 45. analyses with a national sample from Germany. J. Pers. Soc. Psychol. 101, 847-861（2011）. ／B. W. Roberts, K. E. Walton, W. Viechtbauer, Patterns of mean-level change in per- sonality traits across the life course: A meta-analysis of longitudinal studies. Psychol. 46. Bull. 132, 1-25（2006）. ／J. Wagner, O. Lüdtke, A. Robitzsch, Does personality become more stable with age? 47. Disentangling state and trait effects for the big five across the life span using local structural equation modeling. J. Pers. Soc. Psychol. 116, 666-680（2019）.
11 日本の性格分布マップ／S. Yoshio, A. Oshio, "Regional differences in big five personality traits in Japan: Evidence from three large datasets", The Japanese Journal of Environmental Psychology,

2021, Vol.9(1), 19-33
12 多くの情報を求める「開放性」が高い人は都市部に集まりやすい／Jokela M, Bleidorn W, Lamb ME, Gosling SD, Rentfrow PJ. Geographically varying associations between personality and life satisfaction in the London metropolitan area. Proc Natl Acad Sci U S A. 2015 Jan 20;112(3):725-30.／Murray, G., Judd, F., Jackson, H., Fraser, C., Komiti, A., Hodgins, G., Pattison, P., Humphreys, J., & Robins, G. (2005). The Five Factor Model and Accessibility/Remoteness: Novel evidence for person-environment interaction. Personality and Individual Differences, 39(4), 715-725.
13 栃木と群馬や茨城などは人口流入が少ない／日本経済新聞2020年1月31日：https://www.nikkei.com/article/DGXMZO55095520R30C20A1L60000/
14 地域の人とのコミュニケーションを通して性格が影響を受ける／Oishi S. Socioecological psychology. Annu Rev Psychol. 2014;65:581-609./ Oishi, S., & Graham, J. (2010). Social ecology: Lost and found in psychological science. Perspectives on Psychological Science, 5(4), 356-377
15 環境が性格に影響する(経済状態が神経症傾向と誠実性に影響)／Obschonka M, Stuetzer M, Rentfrow PJ, Shaw-Taylor L, Satchell M, Silbereisen RK, Potter J, Gosling SD. In the shadow of coal: How large-scale industries contributed to present-day regional differences in personality and well-being. J Pers Soc Psychol. 2018 Nov;115(5):903-927.
16 住んでいる土地の歩きやすさは外向性と正の相関がある／Götz, F. M., Yoshino, S., & Oshio, A. (2020). The association between walkability and personality: Evidence from a large socioecological study in Japan. Journal of Environmental Psychology, 69, Article 101438.
17 農村地域に住む人は漁村地域の人よりも調和的で人目を気にする／Uchida Y, Takemura K, et.al. Farming cultivates a community-level shared culture through collective activities: Examining contextual effects with multilevel analysee. J Pers Soc Psychol. 2019 Jan;116(1):1-14.
18 北海道の開拓精神と集団主義的傾向の関係／Kitayama S, Ishii K, Imada T, Takemura K, Ramaswamy J, Voluntary settlement and the spirit of independence: evidence from Japan's "Northern frontier". J Pers Soc Psychol. 2006 Sep;91(3):369-84.
19 集団主義的な傾向は協調性の高さと関連する／Realo, A., Allik, J., & Vadi, M. (1997). The hierarchical structure of collectivism. Journal of Research in Personality, 31(1),93-116.
20 性格の伝染は世界のあらゆる地域で見られる／Rentfrow PJ, Gosling SD, Jokela M, Stillwell DJ, Kosinski M, Potter J. Divided we stand: three psychological regions of the United States and their political, economic, social, and health correlates. J Pers Soc Psychol. 2013 Dec;105(6):996-1012.
21 米国の性格分布マップ／Rentfrow, P. J. (2010). Statewide differences in personality: Toward a psychological geography of the United States. American Psychologist, 65(6), 548-558.
22 性格は住んでいる土地の自然環境によっても影響される／Rentfrow PJ, Gosling SD, Potter J. A Theory of the Emergence, Persistence, and Expression of Geographic Variation in Psychological Characteristics. Perspect Psychol Sci. 2008 Sep;3(5):339-69./ Rentfrow, P. J. (2010). Statewide differences in personality: Toward a psychological geography of the United States. American Psychologist, 65(6), 548-558.
23 22℃前後の地域で育った人は「外向性」「協調性」「開放性」が高く、神経症傾向が低い／Wei W, Lu JG, Galinsky AD, Wu H, Gosling SD, Rentfrow PJ, Yuan W, Zhang Q, Guo Y, Zhang M, Gui W, Guo XY, Potter J, Wang J, Li B, Li X, Han YM, Lv M, Guo XQ, Choe Y, Lin W, Yu K, Bai Q, Shang Z, Han Y, Wang L. Regional ambient temperature is associated with human personality. Nat Hum Behav. 2017 Dec;1(12):890-895.
24 季節で日光照射量が変わると性格などに影響を及ぼすセロトニンの分泌量が変わる／Munir S, Abbas

M. Seasonal Depressive Disorder. 2023 Mar 20. In: StatPearls [Internet]. Treasure Island (FL): StatPearls Publishing; 2024 Jan–. PMID: 33760504.
25 日光照射量によってセロトニンの分泌量が変わり、認知機能にも影響／Kent ST, McClure LA, Crosson WL, Arnett DK, Wadley VG, Sathiakumar N. Effect of sunlight exposure on cognitive function among depressed and non-depressed participants: a REGARDS cross-sectional study. Environ Health. 2009 Jul 28;8:34.
26 夜に神経症傾向が増加する傾向（マインドアフターミッドナイト）／Tubbs AS, Fernandez FX, Grandner MA, Perlis ML, Klerman EB. The Mind After Midnight: Nocturnal Wakefulness, Behavioral Dysregulation, and Psychopathology. Front Netw Physiol. 2022;1:830338.
27 留学すると性格がシフトする／Zimmermann J, Neyer FJ. Do we become a different person when hitting the road? Personality development of sojourners. J Pers Soc Psychol. 2013 Sep;105(3):515-30.
28 役割的性格／Biddle, B. J. (1986). "Recent Developments in Role Theory". Annual Review of Sociology. 12 (1). Annual Reviews: 67-92.／Hindin, Michelle J. 2007. "Role theory." Pp. 3959-62 in The Blackwell Encyclopedia of Sociology, edited by G. Ritzer. Blackwell Publishing.／宮城音弥 1960『性格』岩波書店 宮城音弥 1998「性格研究の方法」詫摩武俊編『性格』所収 日本 評論社
29 バイリンガルは母国語と外国語で性格まで変わる／Athanasopoulos, P., et.al., “Two languages, two minds: flexible cognitive processing driven by language of operation”, Psychol. Sci., 2015, Vol.26(4), p.518-26
30 日本の21～23歳の若者68万人のリサーチで1997年から2007年にかけて、神経症傾向の性格の人が増えている報告／持主弓子・柚木さおり・藤田彩子・舛田博之(2008).大学生の過去 10 年の性格傾向変化 産業・組織心理学会第 24 回大会論文集, 49-52.／小塩真司・岡田涼・茂垣まどか・並川努・脇田貴文(2014).自尊感情平均値に及ぼす年齢と調査年の影響:Rosenberg の自尊感情尺度日本語版のメタ分析 教育心理学研究, 62, 273-282.
31 容姿が性格や考え方に影響／Belmi, P., & Neale, M. (2014). Mirror, mirror on the wall, who’s the fairest of them all? Thinking that one is attractive increases the tendency to support inequality. Organizational Behavior and Human Decision Processes, 124(2), 133-149.
32 タバコを吸うと性格が変わる(神経症傾向が高く、残りの4つの性格特性(外向性と開放性、協調性、誠実性)が全て下がる傾向：仏モンペリエ大学の1万5572人の研究)／Stephan, Y., Sutin, A. R., Luchetti, M., Caille, P., & Terracciano, A. (2019). Cigarette smoking and personality change across adulthood: Findings from five longitudinal samples. Journal of Research in Personality, 81, 187-194.
33 動物を飼うだけでも、神経症が減る／Purewal R, Christley R, Kordas K, Joinson C, Meints K, Gee N, Westgarth C. Companion Animals and Child/Adolescent Development: A Systematic Review of the Evidence. Int J Environ Res Public Health. 2017 Feb 27;14(3):234.
34 なりきると性格がシフトする／Tice DM. Self-concept change and self-presentation: the looking glass self is also a magnifying glass. J Pers Soc Psychol. 1992 Sep;63(3):435-51.
35 内向型の人は外向型の人の行動をまねると、外向性が高まる／Zelenski JM, Santoro MS, Whelan DC. Would introverts be better off if they acted more like extraverts? Exploring emotional and cognitive consequences of counterdispositional behavior. Emotion. 2012 Apr;12(2):290-303.
36 内向的な行動より外向的な行動をしたほうが幸福度が高まる／Fleeson, William; Malanos, Adriane B.; Achille, Noelle M. (2002). “An intraindividual process approach to the relationship between extraversion and positive affect: Is acting extraverted as ‘good’ as being extraverted?”. Journal of Personality and Social Psychology 83 (6): 1409-22.
37 人の体の中に入るイメージをすると性格が変わる／Tacikowski P, Weijs ML, Ehrsson HH. Perception of Our Own Body Influences Self-Concept and Self-Incoherence impairs Episodic Memory.

iScience. 2020 Aug 26;23(9):101429.
38 イメージだけで頭のよさが変わる／Dijksterhuis A, van Knippenberg A. The relation between perception and behavior, or how to win a game of trivial pursuit. J Pers Soc Psychol. 1998 Apr;74(4):865-77.
39 アプリで性格が3ヶ月でシフトする／Stieger M, Flückiger C, Rüegger D, Kowatsch T, Roberts BW, Allemand M. Changing personality traits with the help of a digital personality change intervention. Proc Natl Acad Sci U S A. 2021 Feb 23;118(8):e2017548118
40 性格変容アプリ「PEACH」(Personality Coach)／Stieger M, Nißen M, Rüegger D, Kowatsch T, Flückiger C, Allemand M. PEACH, a smartphone- and conversational agent-based coaching intervention for intentional personality change: study protocol of a randomized, wait-list controlled trial. BMC Psychol. 2018 Sep 4;6(1):43.
41 行動してうまくいかないと、なりたい性格と真逆の性格傾向が強くなる／Hudson, N. W., Briley, D. A., Chopik, W. J., & Derringer, J. (2019). You have to follow through: Attaining behavioral change goals predicts volitional personality change. Journal of Personality and Social Psychology, 117(4), 839-857
42 ハーバード大学の行動分析学者バラス・スキナーが提唱する「スモール・ステップス」／Skinner, B. F. (1954). The science of learning and the art of teaching. Harvard Educational Review, 24, 86.
43 内向型の人は神経症傾向が下がると、社会的スキルが高まりやすくなる／Tuovinen S, Tang X, Salmela-Aro K. Introversion and Social Engagement: Scale Validation, Their Interaction, and Positive Association With Self-Esteem. Front Psychol. 2020 Nov 30;11:590748. doi: 10.3389/fpsyg.2020.590748. PMID: 33329251; PMCID: PMC7734327.
44 内向型の人は、誠実性と人間関係に関するスキルが高まると幸福度が高まる／Cabello R, Fernandez-Berrocal P. Under which conditions can introverts achieve happiness? Mediation and moderation effects of the quality of social relationships and emotion regulation ability on happiness. PeerJ. 2015 Oct 8;3:e1300. doi: 10.7717/peerj.1300. PMID: 26500814; PMCID: PMC4614904.

第７章 1分でモヤモヤが消える「ゾーン体操™」

1 脳のパターンがリセットされる眼球運動による脱感作＆リプロセシング(EDMR)／Gainer D, Alam S, Alam H, Redding H. A FLASH OF HOPE: Eye Movement Desensitization and Reprocessing (EMDR) Therapy. Innov Clin Neurosci. 2020 Jul 1;17(7-9):12-20
2 373名の7つのリサーチのメタ分析でもEMDRは優位な効果／Carletto S, Malandrone F, Berchialla P, Oliva F, Colombi N, Hase M, Hofmann A, Ostacoli L. Eye movement desensitization and reprocessing for depression: a systematic review and meta-analysis. Eur J Psychotraumatol. 2021 Apr 9;12(1):1894736.
3 体の動きだけで脳の認知が変わる(両手を組むと、最後までやり通す力が高まる)／Friedman, R., & Elliot, A. J. (2008). The effect of arm crossing on persistence and performance. European Journal of Social Psychology, 38(3), 449-461.
4 EDMRで19人中16人のストレスがなくなり、左脳の海馬の質量が増え、左脳の視床下部の灰白質が減少する／Bossini L, Santarnecchi E, Casolaro I et al. Morphovolumetric changes after EMDR treatment in drug-naïve PTSD patients. Riv Psichiatr. 2017;52(1):24-31.
5 目線を左右に動かすと、右脳半球と左脳半球をつなぐ脳梁を介して電子が大量に移動するため、左右の脳が活性化して記憶のプロセシングが改善／Propper RE, Christman SD. Interhemispheric interaction and saccadic horizontal eye movementsImplications for episodic memory, EMDR,

and PTSD. J EMDR Pract Res. 2008;2(4):269-281.
6 右や左に目を動かすと、脳の左右の半球の状態が安定／Christman SD, Garvey KJ, Propper RE, Phaneuf KA. Bilateral eye movements enhance the retrieval of episodic memories. Neuropsychology. 2003;17(2):221-229.
7 目を動かすだけで、意味記憶や心の理論を司る側頭極と中前頭回（前頭前野）の連携が増える／Santarnecchi E, Bossini L, Vatti G et al. Psychological and brain connectivity changes following trauma-focused CBT and EMDR treatment in single-episode PTSD patients. Front Psychol. 2019;10(FEB):1-17
8 側頭極と前頭前野の連携は、トラウマの記憶や思考の高いコントロールと、毎日のシーンにおいて思考が進入することを最小化しうる／Kroes MCW, Whalley MG, Rugg MD, Brewin CR. Association between flashbacks and structural brain abnormalities in posttraumatic stress disorder. Eur Psychiatry. 2011;26(8):525-531.
9 真剣に作業を行うとグルタミン酸が溜まって脳機能が低下する／Wiehler A, et.al.,."A neuro-metabolic account of why daylong cognitive work alters the control of economic decisions", Curr. Biol., 2022, Vol.32(16), p.3564-3575.e5.
10 真剣に難しい作業をすると、思考が短期的になる／Ledford H. "Why thinking hard makes us feel tired", Nature, 2022, Aug 11. doi: 10.1038/d41586-022-02161-5./Eddie Harmon-Joes, et.al. "Does Negative Affect Always Narrow and Positive Affect Always Broaden the Mind? Considering the Influence of Motivational Intensity on Cognitive Scope", Current Directions in Psychological Science, 2013, Vol.22(4), p.301-307,

［著者］
西 剛志（にし・たけゆき）
脳科学者。1975年、宮崎県高千穂生まれ。東京工業大学大学院生命情報専攻修了。博士号を取得後、特許庁を経て、2008年にうまくいく人とそうでない人の違いを研究する会社を設立。世界的に成功している人たちの脳科学的なノウハウや、才能を引き出す方法を紹介し、企業から教育者、高齢者、主婦などを含めてこれまで２万人以上に講演会を行う。「ザ！世界仰天ニュース」「モーニングショー」「カズレーザーと学ぶ。」などテレビ出演も多数。2019年、『脳科学的に正しい　一流の子育てQ&A』（ダイヤモンド社）で著者デビュー。『80歳でも脳が老化しない人がやっていること』（アスコム）が20万部のベストセラーに。

「おとなしい人」の完全成功マニュアル
――内向型の強みを活かして人生を切り拓く方法

2024年６月11日　第１刷発行

著　者――西 剛志
発行所――ダイヤモンド社
〒150-8409　東京都渋谷区神宮前6-12-17
https://www.diamond.co.jp/
電話／03･5778･7233（編集）　03･5778･7240（販売）
構成――――川代紗生
装丁･本文デザイン―岩永香穂（MOAI）
イラスト――SHIMA
DTP･図版作成―スタンドオフ
編集協力――森モーリー鷹博
校正――――鷗来堂
製作進行――ダイヤモンド・グラフィック社
印刷――――新藤慶昌堂
製本――――ブックアート
編集担当――亀井史夫（kamei@diamond.co.jp）

ISBN 978-4-478-11921-1